品評方略

四方品評

方略品評

關品方 著

大公報 出版有限公司

前言

香城舊事未煙雲
報曉雄雞待時辰

　　我從 2019 年 6 月開始由於因緣際會，以「品評四方」爲題，在網上發表時評。不想三年下來，到今年 7 月，37 個月倏忽而過，總共寫了一千篇，頗受讀者歡迎。這三年間發生在香港特區的事情，可以輕描淡寫地說成是「社會事件」，亦可以理解爲是一場失敗了的「顏色革命」，應定性爲「黑暴動亂」。筆者認爲這是全球在 21 世紀新時代國際風雲變幻的縮影，也是香港在回歸祖國 20 多年後對以往港英殖民統治歷史的結賬清理。香港作爲中國的特別行政區，自 1997 年 7 月 1 日回歸以來一直並不平靜，嚴格而言，香港作爲大國博弈的前沿戰場，東西方在文化價值和意識形態方面的對抗並未止息，只是換了形式。三年來香港特區由亂到治，如

今回顧起來，一件件一樁樁，仍感動魄心驚。

中國自從 1840 年被西方列強以武力征服的方式打開大門，備受強悍衝擊。在抗擊被西方列強挑戰的過程中，為了救亡圖存，歷盡艱辛，曲折迂迴。香港特區處身在漩渦之中固然難以避免，要來的早晚終將到來。三年從動盪失控到風浪平息，在中央的堅強引領下，港人經歷了一場被境內外敵對勢力策動最終他們以失敗告終的「顏色革命」，香港亦遂轉危為安。

香城舊事未煙雲，報曉雄雞待時辰。待時辰，不鳴則已，一鳴驚人。香港畢竟是福地，從過去三年撥亂反正的過程中可以看得出來。但如今餘波未了，為了重拾正軌，當前諸事紛繁，最關鍵最具挑戰性的問題之一，是要及時盪滌被殖民統治了 157 年過程中遺留下來的污泥濁水，以去蕪存菁作為最高原則，清理過去，拓展將來，準確地實施「一國兩制」。為達此目的，香港新一代需要對中國歷史和中華文明加深認識，以重塑家國情懷。

　　本書收錄筆者文章中與重塑家國情懷有關的共 30 篇。殖民教育的要害就是要抹殺民族感情和國家意識。香港回歸祖國後，需要在教育界、輿論界和文化界長期努力，才能夠喚起港人（尤其是年青一代）的民族感情，增強國家意識。家國情懷不可強求，只能培育。筆者由於工作上的關係，有幸於過去數十年間長期親炙祖國的天地山河和人文活動。所謂「讀萬卷書行萬里路」，百聞不如一見，一定要有接觸，才能真心體會。筆者最近偶然找到一篇於 1996 年寫成的舊文章，重讀之餘，認為最能夠表達本人這方面深邃的家國情懷。現轉載如下，題為「往事並不如煙之驀然回首」（第 16 頁），供讀者們參考。

2022年12月31日

關 品 方

文字般若，家國情懷

　　本書作者關品方兄成長於五六十年代的香港，七十年代初就讀於香港大學。那年頭，教育制度重英輕中，談不上家國情懷的培養。儘管如此，仍出現了不少關心國家民族命運的大學生。七十年代後期，中國從「文革」中走出來，開始聚焦於經濟建設。這些大學畢業生在各自的工作崗位上，利用自己的專業知識和人際網絡，設法推動或參與國家的改革開放和經濟建設，包括經濟貿易、工業生產、基礎設施、科學研究、文化教育等不同領域。品方兄是其中的表表者。香港大學目前正在編彙一冊專書，記述師生在國家改革開放四十年間所作出的一些貢獻，其中有許多實例，可供參考。

　　過去幾十個寒暑，品方兄除了以自己的專業知識貢獻於國家外，還以自己對時局的敏睿觀察和一枝健筆，辛勤筆耕，分享自己的真知灼見和文字般若。品方兄是有名的才子，唸

中學時曾任皇仁書院中文學會主席，妙筆生花、極富文采，亦是有名的高產作家，深受讀者歡迎和稱賞。品方兄如今從一千篇近作中特別挑選了三十篇代表性佳作，結集成書，以饗讀者，誠大好事也。讀者可從文字中，充分感受到品方兄那一代知識分子的家國情懷，包括「先天下之憂而憂、後天下之樂而樂」的高尚情操以及勇於承擔的精神。這種情懷與精神，是中華民族近代偉大復興的一個重要因素。

在香港回歸二十五周年的歷史時刻，在社會各界多番呼籲要培育青年人的家國情懷的今天，品方兄這三十篇以家國情懷爲主題的佳作，不啻是一套活生生的教材，對青年人當有所啟發，因此來得非常及時。衷心感謝品方兄多年來的辛勤筆耕和無私分享。

香港大學饒宗頤學術館館長

李焯芬

二零二三年元月

鳴鶴在陰

2022年元旦，在一場合裏偶然跟久違了的關品方博士重逢。數次見面後更在網絡平台和群組裏互通訊息，共享文章及交流觀點。

還記起約25年前，中國對香港恢復行使主權，初與品方博士相識於香港政策研究所的活動中，繼而共同爲研究所的業務並肩努力。但後因個人事業轉換跑道而分道揚鑣。這兩年劫後歸來，重拾舊好，定期追讀關品方博士的文章，其中針砭時弊，激濁揚清，引發不少共鳴回響。

今年初品方博士又將出版家國情懷之新結集，並邀撰序文。一口氣細讀內容，三十篇鴻文由人物到香港、到祖國，以爲題材，以爲論述，琳琅滿目不暇給。本書回顧的香港昔年往事，令讀者悠然神往，回味無窮；亦有論及世事風雲，國之大者，鶴鳴九皋，聲聞於天，不禁擊懷讚嘆，應和之不

已！闔卷後思潮起伏，久不能平息。

回心一想又豁達欣然：這年來「愛國者」之論說重新爲香港前進的步伐定調。然而「愛國者」何人？「驀然回首，伊人卻在燈火闌珊處！」

香港回歸二十五年了，這座世界級城市歷盡刼難依然活力四射，魅力依舊，主要靠的是多年來堅持留守在香江兩畔的人們，情懷不變。年隔多載，不管人生去留，仕途起伏，陰晴圓缺，或是陽光冷暖，或是風吹雨打，許多全人都是思想如一的義無反顧，默默耕耘，寵不驚辱不懼，任勞任怨，但願以此身許國，緊守信念，允執厥中。

家國情懷，四海一心；風聚雲散，依然香江！
願與品方博士及眾讀者共勉之！

何志平
癸卯立春

天涯孤客關品方

我第一次見到關品方，是在近半個世紀之前，那時我們都是大學生，我在美國留學，暑假回港。當年品方兄在年輕人學運圈子中，早已大名鼎鼎，我經朋友介紹（陳毓祥，1996年魂斷釣魚台海域）慕名找他，在美孚短暫一敘，我估計他也許已經忘記此事了。據我經驗，大器晚成的不是沒有，但人數不多，若在年輕時便嶄露頭角，未來世間風流人物當在此中尋，特區政府應學懂如何辨認真正的青年領袖。

彈指間數十年過去，我亦失去品方兄的音訊，後來才知道他離港32載，縱橫四海，踏遍日本、澳洲、台灣、新加坡、北京等地，騁馳商界，做過海運和銀行，後變身投融資銀行家，之前亦曾在多家美國和日本跨國企業當過高管。

在違法「佔中」出現前，有多位朋友思量着要化解香港政制上的某些深層次矛盾，終想出一個機制，無以名之，唯

有稱之為「十三學者方案」（大都來自經濟學界），我與品方兄都參與其中，得以重逢。多年未見，他風采依然，家國情懷溢於言表，思維保持一貫縝密。這幾年來，有社交應用程式之便，雖然各自奔波，尚能體會天涯若比鄰之趣。

2019年黑暴爆發，香江遭劫，品方兄憤然發聲，許下宏願要寫出千篇鴻文，匡正時弊，引領社會走回正軌。過去三年多以來，品方兄幾乎每天一篇長文，對時事反應迅速，立論充分彰顯其洞悉世情的智慧，文章用字典奧溫雅，能詩善古文，讀者自能感受到其深厚的文化素養。

寫時事評論最困難的環節是找題目。找到題目寫四五十篇並不困難，但寫了數百篇甚至過千篇後，又不願風花雪月，篇篇硬橋硬馬有根有據，便極考功夫了。關品方似身負特異功能，不受此限，令人佩服。有云「讀萬卷書，不如行萬里路。」品方兄這幾十年來何止走過百萬里路，讀過萬卷書或許也只是他閱讀量的零頭而已。曾聽他說過，他是厚積了五十年觀察和思考才下筆，如是，我們才能見到他把源源不

絕的意念化成文章。

品方兄寫這千篇鴻文時，據我所知，很多都是在過去三年於內地公幹時落筆的。在新冠疫情期間，他多次往來內地，每次在酒店隔離 21 天（14＋7）是家常便飯。寫作除需要啟發外，尚要忍受漫長的孤寂時間才能把思想沉澱。新冠疫情對凡夫俗子是禍害，對品方兄卻是提供了優越的寫作環境。

本書 30 篇文章，是關品方 50 年功力之所聚，我大力推薦之！

香港科技大學經濟學系榮休教授

雷鼎鳴
二零二三年元月

方略不平凡，品評皆中的

　　關品方先生是港大的前輩學長，但我們的相識不過是幾年前的機緣。過去十多年我不時在報章公開發表一些關於歷史、教育、土地等問題的看法，也注意到輿論界當中有一位關品方先生經常撰文點評時務；文章通暢順達、理據堅實、觀點獨到；內容涵蓋政治、經濟、社會、歷史、文化、國際形勢、兩岸關係等。關先生文思敏捷，筆力非凡；爲文洋洋灑灑，動輒千言，而且見報率高；顯然學富五車、通才達識。

　　關先生爲學貫通中西，中學時期即嶄露頭角，下筆成章；港大畢業後負笈東洋深造，繼而南下澳洲攻讀博士；既讀萬卷書亦行萬里路，紙上學問與躬行踐履互爲表裏，歷練經年終成大器。關先生縱橫商界多年後不忘兼濟天下，以平生所學所見所聞回饋家國，惠及中港兩地學、商、政各界，實在是當今知識分子貫徹經世致用精神的表表者。過去幾年香港社會起伏動盪，我通過朋友介紹認識關先生，以期就正有道，

理順當前局勢脈絡。關先生不以學長前輩自居，以同道相待往來論學，令我獲益良多，眼界大開。

關先生論道多年，近日回首筆下前塵，於千百鴻文中擷取三十篇代表作品，匯成一集，名爲《「方略品評·品評四方」之家國情懷篇》；論說古今人物、香江社情、祖國河山；行文有節有理，故事有血有肉，讀後令人沉思低迴，良久不已。

我有幸先讀文集爲快，並遵關先生囑敬綴數語以識，是爲序。

香港特區立法會議員
香港嶺南大學協理副校長
劉智鵬
二〇二三年二月

博而求精，取精用宏；
與時俱進，不忘初心！

　　品方兄和我成長於同一年代的香港，轉眼間已過了五六十年。當時世界紛亂較今天有過之而無不及，六十年代初，美蘇冷戰引發古巴危機，使全球活在核戰的陰影下；十餘年後，中東的戰火引發全球石油危機；其間毗鄰香港的越南戰火滔天，馬來西亞及印尼暴力排華，傷亡無數。在中國這邊，大陸陷於文革動亂，海峽兩岸兵戎對峙；對外又有中印之戰，美國的圍堵與孤立，蘇聯百萬大軍壓境。當年國人仍背負百年屈辱、抗戰和內戰之痛，國家貧窮落後如昔，絕大部分的家庭和個人，尚要奮力求存謀生。

　　當時在香港讀書成長的年輕人如我和品方兄，在香江一隅找到一張寧靜的書桌，應算是最幸運的，但心境亦難以真正平靜，家事、國家、天下事，能不纏繞心頭？我們二人在港大讀書的年期不同，當時並不相識，今日回首前塵，大家

知道昔日彼此對世事的取向不盡一致；然而時移勢易，今天
交流，則心靈相通、理念相同、話題不斷，誠樂事也。

我們若重溫歷史，回顧鴉片戰爭後中國 180 多年的演變，
曾經為國家「圖存」、「救亡」而奮鬥的有七八代人，而各
方仁人志士曾長期被各種意識形態和道路之爭所困擾。當時
在校園高談國事的年輕人，亦都捲入這一時代洪流，各尋思
想出路，有同道而亦多分歧，尤幸同儕多能不斷吸取知識和
教訓，不斷反思，其中得其道者，最終皆能「超越」本來，
包容務實，不再囿於意識形態和學派分殊，與時俱進，不忘
其志者亦都站穩民族立場，以蒼生為念。品方兄之文章，每
能反映此種情懷、氣度與睿智。

今日國情基本不變而內、外形勢已大變，最令人振奮者
莫過於國家已找到自己的現代化道路，逐步邁向富強，國人
今天可以平視世界，同時有力貢獻於全人類的福祉。另一方
面，中國雖和平崛起，竟也招來美國霸權的敵視與壓制，環
境兇險難測，民族復興之路仍多艱阻。品方兄為國而憂，不

忘初心，幾年來筆耕不輟，以其學養智慧立言獻策，鬥志昂揚。其爲文也，博而求精，亦取精用宏，行文瀟灑，筆鋒銳利，盡顯其學識之淵厚，思慮之深邃。拜讀欽佩之餘，謹以小序賀之。

香港大學歷史系榮休教授

陸人龍

二零二三年三月

仰慕孫文，入讀皇仁　　　　　大學本科，風華正茂

羽扇綸巾，談笑風生　　　灣區往來，尋根所在　　　深秋禪城，輕騎絕塵

花旗銀行，從此金融　　　　　癸卯兔年，新的征程

葉國華（右）為關品方新書寫序。（作者提供）

國華教授，亦師亦友

有懷投筆，無路請纓

極目汪洋，寵辱皆忘

融合天人，錢穆精神

駐港部隊，維民所止

踔厲奮進，厚積薄發

佛家文化，活在當下

往事並不如煙

驀然回首

關品方

　　九四年秋我到徐州。吉普車在古道上顛簸而前，塵土飛揚。兩旁是平林漠漠，荒原上渺無人跡。時近向晚，我和國家機電局兩位同志，商量着找路旁飯棧，吃過了再走。走進一家古舊的旅館，在停電的鄉里半明半滅的紅燭映照下，飽嚐了一頓淮河捉來的魚頭湯。像鱆魚但不是鱆魚，說是鯽魚也不太像鯽魚。天下美味如今想起來仍然記憶猶新。這是古

戰場的遺址。當年項羽和劉邦爭天下，遙想在慘淡的月色映照下，成千上萬的漢民族兵隊嘶殺吶喊流血捐軀。飯後步出店棧，抬頭但見月明如水，天色早已黯淡如晦。耳畔蟲鳴唧唧，歸鴉撲翼，在樹梢上居停。肖同志不禁又提到三大戰役。林彪自台兒莊一役初露頭角，多少年來南征北戰。劉鄧大軍挺進大別山，轉戰殺伐，乃至在淮海戰役時橫掃千軍，席捲中原。我只記得，當晚在皎皎明月下，汽車馳過蘇北平原抵達古城徐州的一段路上，我只默願黎民百萬兵，盡皆解甲歸田，一路上有言笑。

九五年秋我在釣魚台國賓館七號樓辦公。從北京、上海、深圳及香港召來各地的同事們會議及歡宴後，各人散盡唯剩下帕主席、曹博士及前新華社的廣東老鄉陳總。也是在如銀的月色下，幾個人長夜圍坐對飲聊天。慷慨激昂也不是，唏噓歎喟也不是，只像是白頭宮女回憶天寶遺事，閒扯「文革」時期江青、陳伯達、康生等人各據釣魚台國賓館的群樓，把神州大地搞了個覆地翻天。那是最腐朽黑暗的時刻。「橫掃一切牛鬼蛇神！」「向資產階級全面開火！」「大樹特樹

毛澤東思想的絕對權威！」中國文字的威力，我不能想像外國文字能否同樣鼓動傳神。月過中天，夜涼如水，那天晚上談得痛快，如今歷然如新。**星沉海底當窗見，雨過河原隔座看**。就在時空交錯的恍惚裏，共和國備受扭曲的鬥爭文化仍在釣魚台亭台樓閣的迴廊上發出揮之不去的餘音迴響。

九六年秋我從上海經港飛返新加坡，機上看到《星島晚報》頭條「陳毓祥魂斷釣魚台海域」，不禁潸然淚落。記得我後來曾經寫過一篇短文，述及我的感觸，並想起張元幹的一闋「夢遶神州路」賀新郎詞。多年來在外漂泊為稻粱而謀，我不諱言民族感情已變得深沉，惘然不知歸趨何處。我曾經渡過長江無數次，也曾躑躅黃河邊上記得是在濟南、韓城及西安近郊（應是渭水，流入黃河）。長江黃河，看它滿滿的流去，卻因浩渺，成為迴環雜沓奔騰，而水心在雲日下映照，又疑是萬頃新耕的田地，犁翻赭黃的土塊無數，遠眺無聲；有這樣的靜謐。我們提起長江黃河，就想到浪花淘盡英雄，或者高堂明鏡悲白髮，甚至血肉長城抗洪；不能與泰晤士河、塞納河、多瑙河相提並論。當年保釣時有一位莫兄，如今醉心舞台演藝，他近年好像說過要讓釣魚台群島歸屬於飛鳥及

叢林。我想中國首先要富國強兵。海軍能夠保衛海疆，及於東沙南沙西沙，無懼美日的艦隊時，當遙祭陳兄。估計這需要幾代人的持續努力才可竟其功。死者已矣，何忍深論。

九七年秋我從新加坡飛印度。記得是夜半的班機，凌晨四五時就到孟買機場。空氣中瀰漫着印度特有的咖喱氣味，濃烈而帶有腥氣。甫出門來，眾丐幫兄弟即一擁而上，更有搶走旅客的行李，不問青紅皂白地散走，無措中令人駭笑。叫罵聲及呼喝聲夾雜人車爭路。旅客需給賞錢才幾經辛苦把行李強搶回來。不用怕因睡眠不足而苦累困頓，因為這情景會把每個人的神經一下子繃緊，整個地進入最高的精神戒備狀態。這裏是釋迦牟尼的出生地，思之令人端然而起敬畏。可是不用多久印度人將會超越中國人成為全世界最繁衍的民族。這裏有最大的民主，也有最多的文盲。中國與印度相比，或許能走上較平坦的現代化發展路途。可是若有差池，印度之官僚、貪污、爾虞我詐等缺乏效率及政益的心計均可因文化包袱之名而沉渣泛起，而環境健康生態保持資源善用等更將遙不可及。畢竟苦諦之解脫不能單靠精神文明。生老病死

愛別離求不得怨憎會五陰熾盛等諸行，苦當知，集當斷，滅當證，而道當修。然而佛學究竟應如何弘揚其法力以致國人的福祉進步和發展，願虛心就教遠在溫市的其禎宗兄。

今天彭兄來電，囑爲文誌同學會會慶。轉眼間二十五年過去，畢業以來不覺已走過四分之一個世紀。「悲歡離合總無情，此身雖在堪驚」。窗外獅城燈火輝煌，靜默地躺在南國的溽暑中。赤道上的氣候當然是風平浪靜，水波不興。遙望北天，對故國之留戀又再溢於胸臆。

東方之珠！我的香港。筆餘今夜，我將浮想聯翩，回到名城迢遞，馬嘶人語的故園；回到冠蓋滿京華的都會，沉醉在喧鬧得令人神迷目眩的燈火如龍舞的日日夜夜。香港是漢文化與西洋文化交匯的橋頭堡，從這裏通往西方。香港是海外華裔人士的根源和驕傲。

我是由於工作環境不得不做天涯孤客。李白少時即隨父沿江而下，遍歷大江南北，蘇軾少小離家赴京（長安）應考以來亦數十年絡繹於途。他們都留下千古傳誦的文字。我只

能心儀之，欽羨之而不得。或許日後我也爲文。不過時代不同，儘管驀然回首，伊人可在燈火闌珊處？文章無價，可作兩解。

長安少年懷遠圖，
天涯逆旅他鄉路。
學得琵琶不下堂，
去留一劍答君王！

九八年九月二十三夜
新加坡旅次

目錄

第 三 章｜祖國篇

第一章

人
物
篇

百年建黨香港從來未缺席
港人應重新認識香江歷史

歷史上香港和深圳一體，以前叫新安縣，早在東晉時（331年）就有寶安縣，唐肅宗時（757年）改名為東莞縣，明朝萬曆年間（1573年）東莞縣一分為二，南面另設新安縣，包括今天的深圳和香港。從1842年到1898年，滿清政府與英國相繼簽訂南京條約（割讓香港），北京條約（割讓九龍）和展拓香港界址專條（租借新界），原屬新安縣（共3076平方公里）的港九新界（共1056平方公里），脫離新安縣被英國霸佔，殖民統治長達155年。1997年，港九新界整體和平回歸祖國。

而在這155年期間，中國人為了擺脫被西方國家欺負，壓迫及奴役，前赴後繼，奮起抵抗。在這發奮圖強、致力民族復興的過程中，其實香港從未缺席，扮演着獨特的角色。香港特區政府教育局課程發展處，過去24年基本上未曾從文化回歸和人心回歸的角度開展教育改革，後果是主動放棄了陣地，被境內外反對勢力乘虛而入。黑暴動亂發生，港人瞿然驚醒，原來整整一代年輕人的思想意

識已被洗腦，尤其是極少數的「港獨」勇武，已完全沒有國家感情，喪失民族立場。現在是時候通過課程改革和教材編寫，奪回教育界的話語權，要正確認識香港在中國近代史上與內地息息相關、密不可分、血濃於水的關係，才能夠撥亂反正，還香港近代歷史一個真相。

港人隨手拈來，可以說出很多人與事，詮釋香港和內地在近代史上的互動。例如張靜江，他是襄助孫中山從事國民革命的元勳之一，他在民國初年曾任國民政府中央執行委員會委員及浙江省主席等要職，張靜江從事中法之間的貨運貿易，利用在香港轉口的便利，是十分成功的商人，他支持孫中山革命，從 1905 年到 1911 年，期間孫中山需要金錢資助時，打電報給張，按 abcde 密碼排序，a 字要 1 萬 b 字要 2 萬，如此類推，用於購買物資，經香港往內地輸送。

張靜江 23 歲時（1900 年，當年八國聯軍攻陷京津）和好友李石曾隨清朝駐法大臣孫寶琦，乘法國郵輪安南號赴法，李石曾學農，研究大豆；張靜江習商，研究貿易。3 年後張靜江回國，興辦通運公司，來往中法之間，生意興隆，張李兩人和吳稚暉及蔡元培在巴黎開辦世界社，出版世界畫報及新世紀周刊，宣揚革命，提倡教育，注重科學和實業救國，號稱國民黨「四大元老」。張靜江遷居巴黎期間，孫中山每次到訪都住在張家，張後來更遠赴紐約開辦

通運公司，他的子女全部接受國際教育，張家的三小姐叫張芸英，小學在法國，中學在美國，1924 年她從美國經香港轉廣州返上海，年僅 20 歲。當年孫中山、宋慶齡、蔣介石和陳潔如（19 歲）都在廣州，多有往來，十分熱鬧。周恩來當時是黃埔軍校政治部主任（26歲），蔣介石是黃埔軍校校長（37 歲），當年宋子文剛從美國留學返國，出任孫大元帥府秘書，他邂逅張芸英，驚為天人，對她十分傾倒，展開追求，但張芸英不為所動，最後宋慶齡勸小弟：「小姐不喜歡，不可強求。」宋子文方才作罷。

張芸英後來回到上海（1927 年），重遇回國時在船上結識的陳壽蔭，陳是波士頓大學畢業生，習工程，翩翩少年，在船上與張芸英朝夕見面，當時雙方已情愫暗生，印象甚深。劇情就像錢鍾書「圍城」的翻版。張芸英下嫁陳壽蔭，同年蔣介石和宋美齡亦在上海結婚。

張靜江是民國的元老，出任國民政府中央執行委員會監察委員，德高望重。陳潔如和張靜江的續弦朱逸民是閨蜜，同在蔡元培創辦的愛國女子學校讀書，當年陳潔如怎樣結識蔣介石，蔣怎樣央請張靜江說媒，怎樣走伯母路線，最終蔣陳結婚並由張靜江做主婚人，以至其後蔣介石狂追宋美齡，騙陳潔如去美國並由張芸英兩位妹妹名義上是陪同，實際上是押送，張靜江為何對蔣的反共立場有意見最終決定赴紐約定居終老（1950 年逝世），本人於年少時聽

家裏長輩娓娓道來，印象深刻。在國民革命（1911），中共建黨（1921），國共合作北伐（1924），以至國共分裂，南昌起義及秋收起義（1927）後國共之間你死我活不共戴天，明裏暗裏的鬥爭中，無一不和香港有關連，都有香港的參與和角色，於共產黨歷盡艱辛每一步的成功，香港都起着獨特的不可替代的建設性作用。

　　張靜江家的四小姐張荔英，嫁陳友仁為續弦。陳友仁曾任廣州國民政府外交部長，其子陳丕士是大律師，1950 年在香港為中航及央航飛機事件代表中華人民共和國政府與當年港英政府交涉歸還 71 架飛機，纏訟多年。1949 年國民黨敗退之前，有人建議轟炸北平，建築學家梁思成（梁啟超之子）通過北平市長何思源加以阻止，幸保古都不蒙塵。國民黨特務暗殺親共的何思源，誤中副車，何的小女慘被炸死，何思源夫人是法國籍，和張芸英十分友好，彼此之間用法文溝通。張芸英教她的大女兒何魯麗習鋼琴，何魯麗曾經出任全國人大常委會副委員長，現年 87 歲仍健在（編者註：何魯麗於 2022 年 3 月 19 日逝世）。百年往事，並不如煙。

　　1960 年，周恩來得知陳潔如早已回國，在上海居停。當年基於統一台灣的統戰考慮，周趁赴上海開會之便，約陳潔如會面，36 年後重遇，人民江山，換了人間，周恩來答應安排陳潔如遷居香港。周又邀請她北上，一同坐火車抵北京，下榻和平賓館，周恩來更親自前往張芸英住處拜訪。統戰部長徐冰宴請陳潔如時，周恩來、廖

承志及張芸英均有出席作陪。出於統戰需要，周恩來安排陳潔如南下香港，是希望藉此聯繫到蔣介石，當年曹聚仁扮演過掮客角色。

1970 年，張芸英的兩個兒子，陳平和陳鵬下放到農村，張芸英住處發生問題，於是寫信給國家副主席宋慶齡，請她幫忙分配住房。宋慶齡通過周恩來安排房管局替張芸英安頓生活並代她付房租，宋和張從此恢復書信往來不斷，彼此之間用英文書寫，上款是 Susanne 下款是 Rosalinde，分別是張和宋的英文名。其後張芸英的兒子陳鵬遷到香港（1979 年），張靜江家另有好幾個兒孫輩亦長期在香港居住。張芸英的丈夫陳壽蔭（張陳 1946 年離婚）戰後來到香港，曾出任太古公司秘書。

以上表面看來是一些歷史人物的軼事，好像無足輕重。細思之，其實處處都反映香港在中國過去 181 年來曲折迂迴砥礪前行的過程中，起着獨特的「南風一扇窗」作用。香港是中國通往國際的重要渡口，此所以「一國兩制」是中央在其建國方略中一個堅定不移的長期政策，在不同的歷史階段，發揮不同的歷史作用。過去 24 年來，特區政府對文化回歸和人心回歸無知無覺，平白犧牲了整整一代香港人，立場迷失，情懷無寄，十分可惜，港人希望亡羊補牢，為時未晚。其實 1949 年後的香港，發揮的歷史作用涵蓋政治、經濟、社會、文化全方位，特區政府高層領導對於怎樣充分配合中央的戰略意圖，原本應該有的高度政治覺悟未見。今時今日，

港人應該及時補回珍貴的歷史一課，否則與內地的建設發展只會更加落後脫節，漸行漸遠，再難跟上。這不是危言聳聽。

在大國抗衡的新時代，儘管風雲變幻，但大格局離不開中國特色社會主義和資本帝國主義之間的硬核競爭，是公有制引領還是私有制盤剝的競爭，是人類前途命運、前進道路和方向的抉擇。香港何幸，在這新時代有其獨特的角色可以扮演，如果不從這個深層次的角度去理解和發揮香港的「一國兩制」，那就十分令港人感到扼腕遺憾。

總而言之，於香港不足 200 年的近代歷史，港人一定要有自己的話語權，要講好自己的故事。如今時移世易，在國民教育方面，特別在課程發展和教材設計兩個重要範疇，一定要重新鋪排。下屆特區政府估計將會有徹底安排，改弦易轍，港英殖民統治奴化教育那一套有毒，一定要推倒重來。

2021-07-24

我在「女王的書院」肄業的感悟

我在皇仁書院七年，母校的名稱直譯是女王的書院，校訓是「勤有功」，前身是中央書院。建校 160 年來，有不少知名的畢業生，例如孫中山、廖仲愷、霍英東和何鴻燊。到現時為止，已培育出接近 2.6 萬舊生和校友，在各行業和領域卓有成就，一直位列名校之高端而歷久彌新。

皇仁書院給我的最大幫助，就是諄諄善誘，潛移默化。其優良校風是讓學生們彼此友愛互助，團結精誠，早立志向，夢想成真。用現代語言，就是懂得生涯規劃，在人生座標上樹立偉大跨度。學生們無人不知芸芸校友之中，有中國民主革命的先行者孫中山。禮堂正面有他的銅像，正是桃李不言，下自成蹊，家國情懷結合國際視野是皇仁的傳統，孕育出一批又一批和時代脈搏契合相連的優秀學生。

本人認為，莘莘學子早立志向是一生的成敗關鍵。社會、國家和民族也同樣需要有格局、視野和規劃。中華民族自從 1840 年一

路走來，迄今已 182 年，經歷的巨大轉變其實十分震撼。從人類文明和科技發展的角度看，中華民族從低谷走出邁向高峰不斷砥礪奮進的過程，豐富多彩，令人感嘆之餘，在這過程中有不少從皇仁書院出身的集群的努力耕耘。某種意義上，皇仁書院 160 年的校史，其實不折不扣正正就是「一國兩制」的互動共融，是中英結合擇優捨劣的良品。學生們要夢想成真，離不開堅毅不拔、攻堅克難的恒心。

從鴉片戰爭到新中國成立，近年已有不少文章暢論古今。由英國女王的逝世而觸發的對戀殖和反殖的議論，本人從一個皇仁舊生的角度看，認為關鍵在追求思辨的能力和理智的德性，要在理性和感性之間取得平衡，明白到自己作為中國人的本體，認識到香港曾經被英國殖民統治的事實，對於香港從 1842 到 1997 的歷程，不一定需要帶着強烈的狹隘的民族情感去看。因為香港已回歸祖國，殖民統治歷史已畫上句號，而這段歷史絕不僅僅是中英之間的角力，其實是貫穿近代歷史的一條主線，是東方和西方兩大文化體系的衝突、互動和較量。要能夠在更高維度去思考這個全過程，尤其是九七回歸 25 年來的曲折迂迴，就需要從歷史、文化和哲學的角度去掂量，需要有一種超越香港本地的視野和高度去重新檢視在香港曾經發生的一切，包括黑暴以來過去三年由亂到治的偉大轉折。

說到底，世界大局現正翻天覆地起變化，香港只是大潮流中的

034 方略品評‧品評四方

小浪花。最近十年中國的發展其實屬於跨越式和飛躍式，因此引起美國（和英國等西方陣營）的高度注意和警惕，執意要壓抑中國的崛起，才是香港持續出現黃藍對壘，對抗情緒揮之不去的根本原因。美國要竭盡全力維持自身的霸權地位，英國要緊緊追隨兼且昔日殖民餘威猶在，部分犯迷糊的港人仍然抱着「生娘不及養娘大」的思維，對非親非故的女王逝世感喟緬懷，悲傷哀悼，這種一時之間的情緒完全可以理解。本人當年在校內每於典禮場合都要肅立高唱「天佑女王」的英國國歌，若果說當年對家國立場毫無感悟，今天對女王逝世不無惋惜，那不符合客觀現實。至於為了忤逆生母而對養母矯情，做秀造作，長跪嚎哭，那只是製造國際笑柄，毋需認真，無視就得。

回顧過去十年，中國從跨海大橋到沙漠鐵路，從公路橫貫天山到跨越瓊州海峽，從嫦娥探月到羲和逐日，中國的發展規劃，坐標編織和經緯建設，跨越高山大海沙漠之餘，更向遙遠的外太空進發。上九天攬月，下五洋捉鱉，14億中國人的夢想如今正逐步邁向實現。就在上月底，中國的羲和探日成果正式公布，不負全球太空科學家的期望，有多項國際上的首次突破。皇仁書院在課餘有天文學會，瘋魔不少學生。羲和逐日的成果包括中國在國際上首次實現了在空間對太陽 Ha 波段的光譜掃描成像，為宇宙的初始和大爆炸的發生搜集到有關數據。

本人近日和母校領導通過手機談起，據說有志於天文的在學師弟們都雀躍關注。皇仁的傳統就是如此，對知識的理性追求如飢似渴，對政治的空泛辯論避之則吉。曾幾何時，國際天文學聯合會先後以 1333 個科學家的名字命名月球上的環形山，其中只有七位中國人的名字，古代的有五位，現代的只有兩位。中國的探月工程有待從後趕上。18 年前中國為探月工程繪製出一張長達 26 年的藍圖，從那時候開始，大致決定到 2030 年左右，中國人要踏足月球。中國航天人夜以繼日地開展技術攻關，於 2020 年 12 月終於從月球帶回大約兩公斤的月壤。今後 8 年，還會發射嫦娥六號、七號和八號。最終中國人將會踏足月球探望嫦娥、吳剛和玉兔。近年來中國人向月球、火星和太陽等星球不斷進發，叩問蒼穹的腳步不曾停歇，遠古的神話夢想行將變成現實。

但是要夢想成真，離不開堅毅不拔的決心和長期的人生規劃。皇仁書院的天文學會只是諸多課外活動的其中之一。人的一生只活一次，要活得精彩。這是皇仁書院「勤有功」校訓的精神。香港特區要重視科學技術的自主創新，關鍵是從中學做起，鼓勵年輕人發揮無比的智慧，重拾文化的自信，把西方的科學實驗和東方的精神素質緊密結合，發揮創造力和凝聚力，才能夠和國家建設及民族復興同向而行。回歸祖國後的皇仁同學在這個座標上實現的跨度，絕不只是繼承九七前的優良傳統，更承載着國家民族飛越藍天碧海的

宏願走向未來。

　　總而言之，我在皇仁書院七年，最大的收穫就是感受到母校最優秀的舊生之一孫中山的愛國情懷。他在 1918 年寫成的建國方略和建國大綱，曾經是我在皇仁圖書館讀到最重要的啟蒙書籍之一，從此建立愛國主義的精神。孫中山於 1923 年為中國國民黨確立的三大政策是聯俄（蘇維埃聯邦）、聯共（中國共產黨）和扶助工農，充分肯定十月革命的成功經驗和共產黨的救國理念。可惜他因操勞過度而離世過早（1925 年，59 歲）。香港的新一代年輕人（尤其是 12 至 19 歲的中學生）由於地狹人稠，視野不夠廣闊，格局不夠恢宏，過去「四小龍」時代香港雖曾閃耀於一時，如今到了 21 世紀的新時代，一定要有國家的立場，全球的觀點和兼容的方法，對人類歷史的進程有深切認識，才能夠知道應該如何早立志向，如何理性反殖，如何舉頭望遠，奮發圖強。

　　本人認為，香港特區的問題不在制度而在意識，唯有對中西方文化的異同和對近代歷史的進程有清晰理解，唯有對人類歷史發展階段的脈絡有清楚認識，才會明白到「女王的書院」為什麼成績優異，為什麼中文翻譯為皇仁書院，什麼是仁愛、兼愛和博愛，在君主立憲和民主集中之間究竟有何分別，從而懂得親疏有別，既要尊重英國已逝世的女王，更應熱愛自己的國家和同胞。

2022-09-19

墨子的學說　嶄新的詮釋

　　筆者近年在內地參加了一個名為「知行讀書會」的聚會，聚集了一群生活在珠海特區的清華大學校友，大部分是企業家，溫文爾雅，好學不倦，一般稱之為「儒商」。這個讀書會座落在唐家灣的唐廬，當年康有為和梁啟超都來過，分別有牌匾和對聯的墨寶。

　　知行讀書會最近舉行一個大型演講會，邀請廖理純老師主講當代中國成功的文化基因，從墨家學說的角度予以解讀，本人深受啟發。現將他演講的主要內容綜合引申發揮如下，以供讀者們分享。

　　墨子學說總共有十論，分別是兼愛、非攻、節用、節葬、尚同、非樂、非命、天志、尚賢、明鬼。以上十論，有些從字面上就可以容易理解，有些卻較為深奧費解。例如兼愛和非攻，簡單來說就是以仁愛為本，崇尚和平。墨子提倡節約用度，葬禮簡單，反對縱情聲色。尚同和尚賢，就是以賢德的高標準尋求共同的觀點。非命是不信天命，天志是敬畏自然。至於明鬼，根據廖老師的解讀，是事奉武士和軍人。這十個方面，值得深刻領會，從較高的思想境界和

文化層次去琢磨其深邃的理念和系統的思維。

　　兼愛和非攻，尚賢和尚同，都是知易行難。至於非命和天志，意思是事在人為，人定勝天，鼓吹獨立自主，自力更生，但又與尊重大道之行和「順其自然」不相矛盾。

　　廖老師對明鬼有獨特的解釋。他認為人鬼神在古代，從甲骨文以來已有三者互通的概念。人是人民和群眾，鬼是武士和軍人，神是不朽的鬼魂。秦朝的兵馬俑士兵跪（和「鬼」字同音）着在地上，代表一個個保衛部族安全的武者（以「鬼」字象形屈膝）。用現代語言來說，鬼就是為國犧牲的軍人，跪在地上表示對國家和人民的無比忠誠。所謂鬼才和鬼雄，其實並無否定或貶抑的意思。據此，「生當為人傑，死當為鬼雄」，「可憐夜半虛前席，不問蒼生問鬼神」，都有了新的想像和詮釋。人鬼神其實一脈相成，墨家的思想，在儒家和道家之外，可說是獨樹一幟。廖老師認為，從特定意義看，墨家在境界和層次上或比較儒道兩家更為高遠。例如節用，節葬和非樂，正是取之有道，用之有節，廉潔克制的意思，和我們今天崇尚節儉，拒絕浪費，人類和自然界物類是命運共同體的概念有共通之處。

　　廖老師認為我們應該從文化的高度去了解墨家的思想。例如尚同和尚賢的意思，就是上同下受。上之所賞，下之所譽，要求人民群眾上下一心，同向而行。春秋戰國的先秦時代，各個部族有其自身的特色。墨子的兼愛和非攻，正正是倡導華夏諸民族集聚而成為

中華民族的命運共同體。墨子的思想就是希望各個部族能夠凝聚在一起，各個民族之間互動共融，堅持統一，反對分裂。

中華民族以龍作為自身的標誌。龍集合了九種動物身體的不同部分，可上天，可下海。龍的傳人，在天地之間能夠靈動，既可以飛龍在天，深海之下有海龍王。至於一個「中」字，根據廖老師的研究，它代表着不同部族的旗幟，意義是作為凝聚和團結各部族核心力量的象徵，蛻變而成當今的國旗，莊嚴而神聖。中就是不偏不倚的意思，在青銅器上的甲骨文（2.0），不同的旗幟樣式，從一個「中」字繁衍而來，一直延續到清朝的正八旗和鑲八旗，有其跡象可尋。

遠古神話的伏羲和女媧是夫妻。對所謂女媧煉石補天，廖老師也有他自己的獨特見解。他認為天的原本意思是代表一個可以頂天立地的英雄。伏羲因衛國守土受傷，女媧為他治療助其復原，女媧補天是輔助伏羲。是否真的可以這樣解釋，存疑。引申而言，墨子以大愛為念，不怕犧牲，公爾忘私。從這個角度看，廖老師認為共產主義者一不怕苦，二不怕死，堅持共同富裕，脫貧攻堅，信奉社會主義，大公無私，先公後私和精益求精的工匠精神，和墨家思想可謂異曲同工。墨子之後有屈原，屈原也是墨家。

作為人民群眾的領導層，回顧百年來中華民族的奮鬥歷程，中國共產黨的立黨精神與墨家思想有共通之處，也是中華文化的民族基因。廖老師的結論是，所謂摩頂放踵，就是頭可戴天，腳立於地，

墨子崇尚的完人，就是堂堂正正，在天地之間永存而無愧於生命的人。他認為當代中國，共產黨的百年奮鬥成果突出，到如今重新建立文化自信，除了儒道法三家的思想之外，更有墨家的精髓。中華民族文化文明之所以超越時空，七千年來延綿不絕，生生不息，擺脫古文化的生滅周期和更替定律，根本原因不單只在道路，理論和制度的中國特色，更在中華文化的中國基因。

墨子生在孔子之後，春秋和戰國交替銜接的期間。他吸收了儒家，道家和法家的精髓而發展成一家之言為墨家，在思想體系的層次和追求完美的境界是否更為高遠，頗堪吟味。1949 年，新中國成立前夕的 9 月 30 日，在 2013 年被法定為「烈士紀念日」。73 年前的當天，建國元勳們群集在天安門廣場，為人民英雄紀念碑舉行動土儀式。碑文由毛澤東撰寫，由周恩來書寫，代表建黨 28 年和建軍 22 年之後，於茲建國。九年後（1958 年），人民英雄紀念碑建成，蔚然矗立在天安門廣場中心，人民英雄永垂不朽，直到今天，以迄永遠。現在看來，從 1840 到 1949 年，數千萬英雄的中華兒女犧牲性命換取的民族獨立，和墨家崇尚前赴後繼，不怕犧牲的文化傳統有極其密切的關係。在慶祝人民共和國國慶 73 周年前夕，從中華優秀的傳統文化文明角度深刻思考，顯然是饒有意義的。

2022-09-27

五四青年瞿秋白：
信念永未有窮時　百年夢想正芳華

〰〰〰〰〰〰〰〰〰〰〰〰〰〰〰〰〰〰〰〰〰〰〰〰〰〰

　　江蘇在中國近代，出了不少歷史名人，其中有瞿秋白，86 年前被捕後遭槍殺，得年 36 歲。他曾留學俄國，極具文采，1922 年回國後，曾在北大任教，參加李大釗領導的共產主義小組，主編過《新青年》，是五四時期新文化運動的積極分子。當年他還只 23 歲，是典型的五四青年。今天是五四運動 102 周年，本人特撰文紀念他。

　　1927 年，北伐軍成功收復江南一帶，上海收歸由蔣介石統領的國民革命軍之下。當年的上海，佔全國 GDP 大約 20%，北伐軍收復上海後，基本上大局已定。蔣的謀略超班。他和杜月笙結拜為兄弟，於是黑道白道，白天黑夜，都得聽他指揮。蔣大權在握後，國民黨內唯一的政敵汪精衛遠在武漢，共產黨的中央組織也已從上海遷到武漢，於是蔣決定清除異己，大權獨攬。

　　從 1924 年起，3 年國共合作期間，共產黨人可用個人名義加入國民黨。3 年來，孫中山在共產國際的支持下，採「聯俄、聯共、扶助工農」三大政策，在廣州整軍經武，是北伐成功的關鍵。可惜

孫中山於 1925 年逝世，兵權逐漸落到蔣的手上。國民黨和共產黨的基本分歧，是私有制或公有制，資本主義或社會主義之爭，從革命理論、社會制度到救國道路，分別是謀私利還是為公益，是如何解決貧富懸殊和階級歧視兩極之間矛盾分歧的問題。中國的前路在何方？國共之間，極端對立，勢成水火，兩不相容。

國民黨從黃埔軍校舉兵，掌握正規軍隊，共產黨做群眾工作，武裝力量稍遜，集中在工人糾察隊。1927 年 4 月 12 日，蔣在上海發動清黨，捕殺國民黨內外的共產黨人。遙想當年，腥風血雨，處於生死關頭，那些為國家找尋出路，為了獨立自強，為了中華民族免被外敵征服，不惜拋頭顱灑熱血，將生死置諸度外的人；那種為了信仰甘願犧牲性命的精神，不是今天的港人，特別是年輕一代，可以想像得到。

當年的中國，半是殖民半封建，苦難深重。不少年輕人以愛國主義精神奮起抗爭，在救亡圖存的道路上，百折不撓，前赴後繼。瞿秋白就是個中的典型。

瞿秋白只活了 36 歲。他以「犬耕」（他的筆名之一）精神，要為中國開闢一條光明的路，臨刑時唱着國際歌，從容就義。他留學俄國時，見過列寧。他把國際歌引進到中國，中文歌詞出自他的手筆。他是最早期的共產黨員之一。就在 1927 年風雲突變的那些日子裏，他才 28 歲，臨危受命出任中共中央最高領導人。共產黨

人被追殺，別無選擇，惟有奮起抵抗。當年有 3 件大事發生：8 月 1 日在南昌，周恩來率領起義，建軍；9 月 9 日在湖南江西共 7 個地方，毛澤東率領農民鬧革命，秋收起義；12 月 11 日在廣州，張太雷和惲代英聯同國民黨左派，起義反蔣。

八一南昌起義取得短暫成功，6 天後瞿秋白在漢口主持政治局會議（史稱「八七會議」），確定武裝鬥爭和土地革命的總方針，肯定南昌起義的成績，並決定發動秋收起義和廣州起義。八七會議具有重要的歷史地位。會議確定了「槍桿子裏面出政權」的思想，及時扭轉了思想混亂和組織渙散的局面，指明了新的出路，力挽狂瀾，為革命作出了巨大的歷史貢獻。瞿秋白於此功不可沒。

瞿秋白站在時代的前頭，堅定不移，立大志以成大器，有理想信仰，具卸石填海的鋼鐵意志。瞿秋白拋棄一切，不屈不撓，只為經國濟民。早期的共產黨人，只有大約 12 人在蘇聯先後見過列寧，瞿秋白就在其中（此外還有張太雷、陳獨秀和劉少奇等）。

瞿秋白的政治品格，是講究實際、實事求是。他在共產黨內擔任高層要職，自始至終致力於勞苦大眾的解放事業。他勇於批評別人，更長於自我批評。共產黨從 1921 年建黨到 1935 年遵義會議，不斷摸着石頭過河尋找革命道路，長達 14 年。在 1927 年 8 月 7 日的會議上，瞿秋白既批評和糾正陳獨秀右的錯誤，又解剖自己左的錯誤，全黨遂及時糾正方向，拒絕投降逃跑，決定喚起農民武裝

抗爭。他思路敏捷文筆流暢，有豐富的思想著述，是現狀紀實和理論總結，體現客觀務實的精神。他的觀點，是「實踐是檢驗真理的唯一標準」的雛型。1978 年，鄧小平也是憑藉「實事求是重實際，白貓黑貓不爭論」，開創改革開放的復興偉業。

瞿秋白兼有革命者和學者的身份，在大變革時代有嶄新的思維方式、個性特徵、意志品質和進取心志，淬鍊出「敢為天下先」的革命精神。瞿秋白一生為革命思想在中國的傳播，發揮了重要作用。他是十月革命後最早採訪蘇俄並作出系統真實報道的新聞先驅。他是《熱血日報》的主編，最早闡述辯證唯物主義的基本概念和內容，提出他對政治經濟學和人類發展史的思維方法。他是我國現代文學史上對魯迅提出明確正面評價的第一人。他譯配了第一首完整可傳唱的《國際歌》中文歌詞。他是第一個倡導漢字改革，提出《新中國文字草案》的學者，最早為日後簡體字的創建鋪路。

港人要能夠鑑古知今，才懂得繼往開來，找到自己在歷史長河的正確位置。從這個角度看，不光是特區的管治團隊，全港市民，尤其是教師家長們，都要來一次思想和立場上的範式轉移，對國家安全和國家歷史要重新學習，對國家安全和國民教育要重新認識。

102 年前的今天，五四運動驚天地泣鬼神，是中國近代歷史的重大轉折點。但今日香港，報紙不報道，很少人知道。

瞿秋白的女兒，瞿獨伊，生於 1921 年，今年正好 100 歲，還

健在。他父親英勇就義時，她才 14 歲。她留俄多年，1949 年 10 月 1 日，在天安門城樓的開國大典上，是她，用俄語向全世界廣播毛澤東宣布中華人民共和國中央人民政府成立的講話。

2021-05-04

鑒古以知今
漢奸叛國者遺臭萬年

近日美國就台灣統一問題小動作不斷。港人一眼看穿，都是虛招。拜登發言出位，好像來勢洶洶，白宮急予澄清。五角大樓的取態，也有不同聲音。港人慢慢習慣了美國的手法，色厲內荏。近期目的不外是維持緊張氣氛，售賣危機感，藉此要求台灣當局加速落實購買武器軍備，「唔該盡快畀錢」。反觀北京，不徐不疾，自有一套章法，不會跟隨美國的節奏，仍按照既定計劃和方針進行。

一是確認孫中山追求國家統一和民族復興的使命由共產黨傳承，二是不承認「中華民國」在 1949 年後仍有法統地位，三是與民進黨「台獨」分子劃清界限，四是寄希望於支持「九二共識」在台的黨政軍民。

兩岸統一最大障礙是美國從中作梗。台灣統一問題，其實是中美對抗的組成部分。1946 至 1949 年的三年內戰，其實是美國支持國民黨的代理戰爭，以國民黨戰敗棄守大陸告終。其後朝鮮戰爭爆發，美國直接挑釁新中國，並派出第 7 艦隊將台灣納入其保護傘內，

自此兩岸分裂迄今。72 年來阻撓中國完成統一，支持民進黨搞「台獨」的禍根，自始至終就是美國。

三年內戰期間，國民黨軍官起義、投誠、投降和被殲滅的，數不在少。知名的起義將領共約 15 人，重點人物有陳明仁、程潛、董其武、曾澤生、何基灃、張克俠和傅作義。1949 年 1 月 22 日，傅作義和人民解放軍代表簽訂和平解放北平協議，兵臨城下而主動求和，是為起義。他率領的 25 萬軍隊全部被收編，古都名城免遭戰火，平民百姓免受兵災，因此傅作義成為另一意義上的開國功臣，後來被任命為政務院水利部部長。他的歷史功績不可抹殺。

投誠將領主要有以下 7 人：鄭洞國、孫元良、徐經濟、鄧寶珊、盧漢、劉文輝、侯鏡如。兩軍對壘已然開打，及時棄守易幟，是為投誠。侯鏡如是黃埔一期學生，深得蔣介石信任，亦深受周恩來啟迪，於共產黨有同情同理之心。遼瀋戰役期間，他策劃部隊於戰事初起之時投誠。至於鄭洞國，他投誠之前原本準備自殺，已電告蔣介石「來生再見」。他正要舉槍自殺時，被幕僚奮力勸阻挾持，終於被迫投誠。蔣介石其後儘管知道鄭洞國變節，為了穩定軍心，執意宣傳鄭是為國捐軀，給予高度評價，稱之為「國軍楷模」。蔣介石的文膽陳布雷不齒蔣向全國人民撒此彌天大謊，自此與蔣介石漸生嫌隙貌合神離，因為陳諫諍之言後來屢屢不獲蔣接受。陳布雷儘管追隨蔣介石長達 21 年，最終心灰意冷，哀莫大於心死，選擇自殺以明志。他的兒子、女

兒和女婿都是共產黨人。1947 年 2 月，國共和談徹底破裂前夕，陳布雷曾向周恩來託孤。下月 13 日是他逝世 73 周年。

　　投降將領主要有 4 人：杜聿明、范漢傑、廖耀湘和黃維。杜聿明在淮海戰役敗於粟裕，其時國民黨軍大勢已去，杜潰敗實非戰之罪。他被俘虜後開始十年戰犯生涯到 1959 年，是第一批被特赦的戰犯。杜是楊振寧的岳丈，他的女兒杜致禮 1950 年在美國和楊結婚。范漢傑堅守錦州城，因未能獲得瀋陽衛立煌與華北傅作義的及時支援，敗於林彪後被俘虜，1960 年被特赦。廖耀湘是蔣介石五大王牌軍之一，新編第六軍軍長，在淮海戰役戰敗被俘。至於黃維，他和解放軍名將陳賡是黃埔軍校同期，淮海戰役時任 12 軍團指揮官，和廖耀湘先後投降被俘。到了戰場上迎面舉槍對峙之時，狹路相逢勇者勝，「繳槍不殺」過了投誠的時機，為了免被殲滅，也就只有投降一途了。

　　被殲滅最有名的是邱清泉和黃百韜。邱清泉是在淮海戰役戰場上陣亡的。國民黨聲稱他是殺身成仁，也有報道說邱清泉被當場擊斃。無論是何種方式，反正他是被殲滅。至於黃百韜，他是雜牌軍出身，不是蔣介石的嫡系。淮海戰役期間，他的第七兵團下轄 5 個軍共 12 萬人，幾乎全被殲滅，黃本人也戰死沙場。另有敗軍之將胡宗南去了台灣，衛立煌來了香港，兩人倖免不被殲滅。

　　中國近代歷史的漢奸叛國者不少，著名的有汪精衛、陳公博、周佛海、丁默邨、王克敏、李士群、胡蘭成、傅筱庵、梁鴻志和陳

璧君。他們都下場慘淡，遺臭萬年，多名被控叛國罪逮捕下獄處決，有在獄中自殺身亡的，也有被毒死的。

港人相信，統一台灣已刻不容緩，就等待時機成熟。估計北京的目標是以最低量的武統達到高質量的智統，以高強度的迫統達到高水平的和統，手段包括政治、經濟、貿易、民生、金融、外交、文化、教育、科技、旅遊、財產界定、國民身份、法律落實、專業優惠等，軟硬兼施。相信北京將會在適當時候於統一行動前公告全世界，宣布「台獨」漢奸叛國者黑名單，或封鎖海峽，一系列使出組合拳。時間在北京這一邊，宜乎忍耐和等待，對境內外敵對勢力，除非不出手，出定必狠手。關鍵時刻兩岸要先談起來，還要看明年島內的「九合一」選舉。

何時談？和誰談？怎樣談？估計包括民進黨在內的一眾政壇活躍分子，還有軍隊領導，都會各自盤算，尋覓出路。在叛逃、起義、投誠和投降之間，為了免被殲滅，如何抉擇？煞費思量。有沒有新版汪精衞、傅作義、杜聿明、鄭洞國、黃百韜？起義投誠有獎金獎品，投降被俘要被判刑處罰，漢奸叛徒要移交軍事法庭，被殲滅擊殺就無話可說。兩岸之間士氣為何如此涇渭分明？關鍵問題是民進黨「台獨」分子為了個人利益和一黨之私可以賣國求榮，而人民解放軍是為了國家主權統一和民族偉大復興。

2021-10-24

但願此身能許國
何愁他日不華章

　　50 年前的 9 月 13 日，是林彪出逃在蒙古溫都爾汗折戟沉沙的日子。此前，基辛格已兩度秘密訪華，同年 7 月，中美聯合發布了尼克松翌年要親自到北京訪問的消息，舉世震憾。中美蘇的三方互動關係，發生巨變。當年 10 月，聯合國以大比數通過恢復中國的合法席位，國際形勢隨之亦大變，為其後 1973 年鄧小平復出，1975 年美軍從越南撤退，1976 年打倒「四人幫」及 1978 年的改革開放鋪平道路。

　　從 1971 年至 1976 年，為中國前途命運嘔心瀝血的，是有過人的輔弼之才的周恩來總理。他早年赴日本留學，在東渡的船上有詩：「大江歌罷掉頭東，邃密群科濟世窮，面壁十年圖破壁，難酬蹈海亦英雄。」他當年只 19 歲。周總理一生詩作不多，只有 20 多首。同樣是東渡日本的梁啟超，詩作甚豐。梁周兩人，年齡相差 25 歲，正好是先後兩代人的愛國傳承。梁啟超「百日維新」當年（1898），周恩來剛出生。

　　但願此身能許國，何愁他日不華章？港人期待下屆特首愛國護港，最重要就是許國之志和華章之腹，民族立場鮮明，家國情懷滿溢。如果港人能夠及時吸取「一國兩制」50 年上半場的教訓，改弦易轍，撥亂反正，那麼黑暴動亂的壞事可以變成好事。港人對未來的三次選舉不可掉以輕心，原因在此。

　　周總理其實和香港有不少交集。大革命時期他曾多次來港，對香港社會和經濟有所認識，他對香港作長期打算及充分利用的戰略思考估計也發源於此時。1927 年 8 月，周恩來領導南昌起義後轉戰福建時不幸重病，被送到香港秘密醫治，同年 11 月才康復，隨後赴上海繼續主持中央工作。港人，尤其是年輕一代，對中國過去百年的近代歷史欠缺應有的認知，是導致敵對勢力乘虛而入的絕大漏洞。念過往之不諫，知來者之可追，實迷途而未遠，覺今是而昨非。行文至此，周總理在內政外交運籌帷幄的超凡才能，浮在眼前，溢於胸臆。香港政界有沒有優秀的治港人才？其實呼之欲出。期望天公能夠重新抖擻，助力港人煥發新精神。

　　歷史不可被割裂。在台灣，民進黨愈發猖狂，港人應高度注意，並引以為戒。近日蔡英文又有搞作，要移除中正紀念堂內的蔣介石銅像。這是割裂歷史的又一舉動。「台獨」為何與蔣介石誓不兩立？絕不是因為其他什麼表面原因，而是要徹底改寫戰後的一段國際史。

　　「台獨」最不能忍受的，是《開羅宣言》和《波茨坦宣言》。當年中美英領袖於開羅會晤，取得國際共識，發表共同宣言，明示戰後重新訂立的國際秩序，限制日本領土只有四島，回到 1895 年《馬關條約》以前，亦即台灣、澎湖列島和東北三省，全部歸還中國。後來的《波茨坦宣言》再度確認，有效執行，落實無誤。

　　這兩個宣言徹底粉碎了當年的親日「台獨」分子幻想戰後台灣由聯合國託管甚或台灣脫離中國的迷夢。1945 年，末代台灣總督安藤利吉意圖違反戰後國際秩序，以失敗告終。蔣介石收復台灣主權之餘，在他有生之年（1975 年逝世），堅持「一個中國」的原則。民進黨當然對他恨之入骨。

　　1950 年抗美援朝，前一年剛從大陸撤走的美國，隨即再介入中國內戰，派遣第七艦隊進入台灣海峽，阻止解放軍完成統一。72 年過去，直到今天，美國仍然妄圖從中作梗。

　　1971 年，中美關係迎來重大轉折；1978 年鄧小平訪美後，中美建交協議達成。1979 年 1 月 1 日，美國與在台的「中華民國」斷交，改為承認中華人民共和國為中國唯一合法政府，台灣是中國的一部分，從台灣撤走美軍，這是眾所周知的「一中」政策，回復到《開羅宣言》和《波茨坦宣言》的原點。「台獨」勢力氣急敗壞，心頭之恨難消，源頭就在蔣介石出席的開羅會議和波茨坦會議力爭得來的戰後國際秩序。這歷史事實，無法撼動，不可改變。

　　香港回歸祖國懷抱，同樣是歷史事實，是國家主權完整和民族復興的必然。最近特區政府懲教署提出「一切從歷史出發」推行教育活動，是特區撥亂反正的要害之處，絕對正確。港人眼睛雪亮，有比較才有辨別，教育局如不及時改弦易轍，可以休矣。

2021-09-10

懷念偉人周恩來
回首四十六年前

今天是「人民的好總理」周恩來逝世 46 周年。他是近代中國的老一輩革命家，豐功偉績高山仰止，不用多言。在他漫長的革命生涯中，雖然很少寫詩，但頗善於詩，偶爾下筆，便成絕唱，膾炙人口。他共有 20 多首詩流傳下來，都是氣勢雄渾，充滿革命豪情的佳作。本人對周恩來總理充滿敬仰之情。他青少年時早已頭角崢嶸，熱情愛國，才氣橫溢。筆者最欣賞的，是他早年的幾首舊體詩。其中一首是他在天津南開讀書時所作：「相逢萍水亦前緣，負笈津門豈偶然？捫虱傾談驚四座，持螯下酒話當年。險夷不變應嘗膽，道義爭擔敢惜肩？待得歸農功滿日，他日預卜買鄰錢。」這首詩回顧了他和同學們共同戰鬥的生活，抒發為拯救祖國而刻苦自勵的情懷，充滿為了拯救民族危亡，改造社會黑暗而奮不顧身的革命精神和豪情壯志，翔宇凌雲，信念堅定。

周總理另外還有一首，寫在 1917 年。當年他 19 歲，從南開畢業後告別親友東渡日本留學，尋求革命救國之道。他揮筆寫下：「大

江歌罷掉頭東，邃密群科濟世窮。面壁十年圖破壁，難酬蹈海亦英雄。」他 21 歲回國，領導天津學生參與五四運動，之後籌劃赴法國勤工儉學，1920 年在德國成立中國共產黨旅歐支部。鄧小平比周恩來年輕 6 歲，俟後鄧小弟追隨周大哥 56 年，獻身中國革命和建設，終生不渝。周恩來比朱德年輕 12 歲，反倒是朱德的入黨介紹人。朱毛並稱，更毛周並稱，他們 3 人湊巧都同在 1976 年先後離世。

周恩來 1924 年回國投身革命事業，奮鬥在第一次國共合作的革命最前線，出任中共廣東區委書記兼宣傳部長，同時出任黃埔軍校政治部主任（校長蔣介石）。1927 年 8 月 1 日，周恩來領導南昌起義，打響中國共產黨建軍的第一槍。繼而在上海領導白區工作，驚心動魄，九死一生。其後輾轉進入江西革命根據地，和朱毛會合。周恩來作為三人團成員之一，是中共的領導核心，直到 1935 年。他在革命實踐的過程中親身體會到毛澤東作為領袖的出色表現，在遵義會議上支持毛澤東，自此一直追隨，發揮重要的輔弼作用。1936 年「西安事變」，周恩來運籌帷幄，促成蔣介石放棄內戰，一致抗日。1949 年新中國成立，周恩來出任中央人民政府政務院總理。他畢生為國為民，鞠躬盡瘁，死而後已，是國際公認的現代世界級偉大歷史人物之一。

周恩來在天津南開求學時期，在《敬業》雜誌的創刊詞中寫道「吾輩生於 20 世紀競爭之時代，生於積弱不振的中國，生於外侮

日逼，自顧不暇之危急時間。吾人既生於是時矣，生於是國矣，安忍坐視而不救耶？」他誓要拯救國家民族的赤膽忠心，不斷尋求救國救民的真理，終生矢志不渝，初心不忘，牢記使命，始終如一。港人如今回想起來，有感於周恩來偉大的人格魅力，仍然振奮人心，令人熱血沸騰。

周恩來的一生，全心全意，忠心耿耿為人民服務。今天緬懷他的光輝歷程，他濃烈昂揚的家國情懷，勇於擔當的獻身精神，是當代中國人的學習榜樣。建黨 101 年，建國 73 年和建軍 67 年的今天，可以告慰我們敬愛的周恩來總理：這盛世，如你所願。

周恩來尤其擅長外交，在國際舞台上長袖善舞，縱橫捭闔，揮灑自如。102 年前，他遠赴歐洲，向西方學習，尋找救國之道。歐洲在一次大戰之後百廢待舉，俄國在十月革命之後鼎故革新，當年為包括周恩來在內的一代中國人提供了極珍貴的參考，尤於社會主義和共產主義，是學習和仿效的對象。一百年後的今天，世界局勢已發生翻天覆地的根本變化，中國和平崛起的勢頭已不可逆轉。中國從站起來到富起來，從富起來到強起來，正逐步走向世界舞台的中心，已重建國家的脊樑和重拾民族的自信。由於地緣政治的換位推移，綜合國力的此消彼長，當年的歐洲如今已成為中國在外交方面重要的整合對象，在美國和俄國之間可以起到維持微妙的平衡和均勢的作用。

從中國和歐洲之間的地緣政治關係變化，可以看到百年來的桑

海滄田。周總理如仍活到今天，估計一定感慨萬千。當年引領全球發展方向的西歐先進國家群，二戰之後已經讓位於美國長達77年，如今走在歧路上，一方面既意圖把北約向東擴展至俄國邊境，另方面又嘗試擺脫美國在北約的影響力，要建立有獨立自主權的歐洲軍隊，在夾縫中尋找出路。中國的外交系統和國際戰線，繼承周恩來創建的優良傳統，運籌帷幄，合縱連橫，遠交近攻，正朝着迎接新挑戰的方向，在新時代劇變的形勢下，致力建立外交主導權和國際話語權，現正步步為營，繼往開來，成果斐然。中國在大國博弈的過程中，沉着應對，建立全球範圍的外交統一戰線，維護國家主權，安全和發展利益。這些方面都和周恩來的外交路線一脈相承。

外交無小事。近日在哈薩克斯坦發生的暴亂事件，中國的反應十分及時，重申中哈互為友好鄰邦，是永久全面戰略夥伴，當前的動亂事件是哈薩克斯坦的內政，呼籲域外勢力停止顛覆干預。國際間波譎雲詭，中國主權統一大業未成。今天港人緬懷周恩來總理逝世46周年，特別遺憾哲人離開了我們的失落和孤寂。中國在國家繁榮富強，民族偉大復興的過程中，唯有百尺竿頭更進一步，才能夠向「人民的好總理」交出更好的答卷，以慰他在天之靈。執筆至此，本人已低首無言，眼前唯浮現當年本人留日時（1975–1983）在京都嵐山和東京神田躑躅徘徊，尋尋覓覓，只為重蹈周總理當年雪泥鴻爪的舊時足跡。

2022-01-08

歷史的石敬瑭　現實的謝長廷

　　大約 1100 年前，有一個歷史人物名叫石敬瑭。他是五代十國後期後晉的開國皇帝，為了向遼國借兵，割讓燕雲十六州，甚至向契丹人自稱孩兒。歷史上他被公認為兒皇帝，是一個傀儡式人物，採投降主義，最終自招失敗。他割地求存的舉措，令中原地區喪失了北方屏障，導致其後宋明兩朝都受制於來自北方的安全威脅。他是歷史上妄圖引入外部勢力，結果害死自己的典型。

　　現實世界之中，如今台北所謂「駐日代表」謝長廷的表現就有石敬瑭的影子。「台獨」的頭號代表人物是李登輝。2 年前李登輝去世，如今謝長廷儼然已接過他的衣鉢，成為卑躬屈膝匍匐於日本腳下的媚日代表人物。謝長廷今年 76 歲，和日本的淵源甚深。他早年曾經參加日本皇軍的太平洋戰爭，退伍之後在台大法研所讀了一年後，考取日本文部省獎學金到京都大學攻讀博士課程。他從政 40 多年，一直是親日派的中堅人物。6 年前他被蔡英文任命為台北所謂「駐日代表」，多年來背叛中華民族利益，其言行是徹底的漢

奸模式，已毫無疑問。他的綽號是台北所謂「媚日代表」，百分百站在日本的立場說話，全心全意為日本政府做事。

單說他過去 6 年的媚日事件，層出不窮。2016 年，他反對馬英九當局派軍艦護漁；2018 年，日本公務船驅趕台灣漁船，他指責台灣漁民不守規矩，「自取其辱」；2018 年，他反對國民黨設立「慰安婦」銅像，認為破壞和日本的友好關係；2020 年，他反對國民黨的「保釣行動」，其後又為進口日本核污染食品大力游說，把「核食」美稱為「福食」（因為來自福島），並親自品嘗；2021 年，他極力為日本排放核污染水辯解，不折不扣站在日本立場說話，出賣台灣同胞利益，出賣中華民族利益，簡直匪夷所思。去年日本政府決定把百萬噸核污染水排入海洋，謝長廷鼓吹核污染水稀釋後可以喝，還提出台灣本身也曾經排核污染水入海。他的親日言行，日本輿論也感到尷尬，私語訕笑。

幾天前，謝長廷在東京一個論壇上發言，認為美國的第一島鏈如果被攻擊，等同於美日同遭威脅，台灣如失守，意味「民主陣營失敗」。他為日本日益軍事化的外交政策護航。

日本現時正加速推進安保戰略修訂，謀求大幅增加防衛預算（加大一倍）。為此需要渲染日本周邊的威脅十分嚴重。日本近期的意圖十分明顯，藉着俄烏戰爭的動盪態勢，自民黨推出國家安全保障戰略和防衛計劃大綱之外，還有中期防衛力整備計劃共三份文

件，涉及日本的防衛預算，反擊能力和周邊安全保護等內容。主調是強調戰爭危機，指出北約成員國的防衛預算已經增加到 GDP 的 2% 以上，為此日本必須亦步亦趨。

當前趨勢，日本有可能在美國的煽動下加入到北約，從此改變北約只聚焦在歐洲以俄為敵的目標，表面上是通過日本，在東北亞亦針對俄國，其實禍水東引劍指中國的意圖明顯。

項莊舞劍，意在沛公。日本的三份文件妄稱中國的軍事動向已成為地區和國際社會安保的「重大威脅」，因此需要強化日美同盟，同時加強在太空和網絡等領域的能力建設。日本現正加速配合美國圍堵中國。日本法定的領海寬度雖然是 12 海里，但為了方便美國運輸核武器而不觸犯日本的「非核三原則」，五個日本海峽（宗谷海峽、津輕海峽、對馬海峽的東西兩水道、大隅海峽）最近被劃定為國際海峽，領海只有 3 海里。除了專屬經濟（捕魚）區之外，這些海峽都屬於國際航道，各國船隻可以無害通行。這是為了配合美國海軍將來更容易出入日本上述海峽。

日本的國際政治趨向就是反覆渲染中國和俄國的威脅，意圖主動在亞太地區挑起地區緊張態勢，加強日本自衛隊的攻擊能力。日本不時炒作中國海軍艦艇入侵騷擾監測等消息發布，聲稱要保持高度警惕，要進行密切監視，又通過外交渠道向中方「表達擔憂」。類似的情況不消停，總是要找尋藉口為日本擴軍和配合美國在亞太

地區進一步的軍事部署四處奔走，不遺餘力。民進黨當局的媚日，是這個日本劇本裏面的一個環節。

　　日本輿論在政府的管控下如今已經一面倒，聲稱要抓住牽制中國的良機。5 日前，德國總理朔爾茨抵達日本和岸田文雄會面。雙方確認加強對烏克蘭援助，為即將舉行的 G7 集團峰會做準備（將於 6 月下旬在德國舉行）。雙方一致同意啟動日德兩國政府之間的磋商，以推進安全保障等領域的合作為主軸。朔爾茨表示要釋放一個明確的信號，就是德國和歐盟「並未忽視印太地區」。德國自從默克爾去年 10 月退出政壇後，新政府有明顯的戰略轉變。二次大戰時期，德國和日本（還有意大利）是軸心國成員。二戰結束 77 年之後，如今軍事上兩國迅速走近，歷史就是這樣弔詭。德國聲稱將給予日本更高階更優先的級別對待。日本希望德國給力支持其加入北約以增加軍事方面的自主權。另一方面，日本和德國又不一定完全跟隨美國抵制俄國石油和天然氣的立場，因為同樣要依賴能源進口。兩國在這方面有一定的相似之處，就是希望將這種抵制盡量減少及推遲。德日雙方希望能夠相互支持牽制美國。今後德日之間的互動將是一個不可忽視的趨勢，在加強軍事合作方面或會越走越近。北約、日本和美國之間的三方互動關係將會怎樣發展下去，將會是撬動東北亞地緣政治形勢一個重要的關注點。明年日本將擔任 G7 輪值主席國。現時的歐亞形勢是軍事上美俄兩大陣營對壘的歐

亞兩洲一體化。在這關鍵時刻，法國的態度如何轉變，將會對今後全球局勢變化有一定影響。

現在已經很清楚，德國的亞洲戰略已有轉變，正試圖改變默克爾時代對中俄兩國親近的步伐。今後中國怎樣應對歐盟、北約、日本和澳洲在美國拉攏之下日益走近的關係，將會改變全球政治經濟和外交軍事等方面的大局。一個地球之下，兩個不同陣營的對峙已經隱然出現。

台灣民進黨當局在這個過程中只是波濤洶湧的一葉小舟，類似謝長廷這樣的小丑式人物，只懂得抱着日本（和美國）的大腿，扮演一個不堪入目的、背叛民族利益的漢奸角色。據報道，近期的「漢光軍演」第一階段將會在本月 16 至 20 日舉行，然後在 7 月底再舉行第二階段演習。「倚美謀獨」，「以武抗統」的錯誤路線，看來民進黨當局一定會走到底，不撞向南牆碰到頭破血流不會回頭。今後數年，國際關係和台海局勢如何演變，因為近在咫尺，值得港人予以高度關注，建立心理預期。

2022-05-03

第二章

香江篇

講好香港的故事：
以人民為中心　論述香港新精神

　　下屆特區政府的文化局（如有），重要工作之一是以人民為中心，講好香港特區的故事。

　　不論是回歸前還是回歸後，香港屬於真正愛國護港致力建設發展的港人。人民就是江山，江山就是人民。香港的一制，應該是引進社會主義元素，有人文關懷，與祖國同向而行但又與西方世界良性接軌，做到「近者悅，遠者來」。香港特區的人文資本主義，與內地具中國特色的社會主義既有參差對照，又有互動配合。

　　時代列車轟隆隆向前，在香港回歸祖國前 19 年和回歸後 24 年，過去 43 年來，內地（尤其是大灣區）先是仰視香港擇優學習，繼而對香港有所警惕，到如今正視香港，以香港為正反兩面相應俱全的參考教材，才只 43 年。從改革開放初期亦步亦趨，到 97 回歸之後互動參照，期間變化，滄海桑田，看似突如其來，細思之下，其實源自殖民歷史根深蒂固和國際政治形勢逆轉，脈絡分明，不難梳理。

　　這幾天，區議會議員宣誓愛國護港在即，要他們承認國家對香港特區行使主權和治權，要他們反對「港獨」，否則不得留低。這個基本立場，對大部分港人而言，口頭上熟悉，行動上陌生。回眸24年，港人若幡然覺醒，站穩國家民族立場，可以「立地成佛」，一切豁然開朗，沒有什麼事情難以理解難以做到。尤其是特區政府的公務員隊伍，要能夠一改固有思維，不再誤以為西方國家的一套就是一切，要擺脫思想上的無形束縛，要放棄港英政府時期聽命於白金漢宮的奴才思維，行為上要改變買辦經紀的處事方式，不可以口頭上說自己是人民公僕，工作上並沒有「為人民服務」的精神。執政為民，人民至上，以人為本，公務員是人民養育，他們的長俸高薪來自人民。

　　重整公務員隊伍的基本出發點，是正心誠意，首先要醫治好自己也不一定自覺知道的偏頗之心。兩個觀點決定一切：第一，自己是中國人；第二，服務對象是人民。一旦觀點清晰，立場轉移，全部豁然開朗，不再自視為奴才，不再自視為買辦。所謂「行之有效」，其實延續港英時代一切聽命於英國統治，不思進取，最終造成懶政，下班支薪，退休咬糧。尤其是一眾特區高官，其豐厚俸祿承襲97前從英國外派而來官員的優渥待遇，正因如此，政治取態何如，思之過半。所謂「政治中立」，其實是買辦經紀思維，從港英主子的角度出發，只為安撫順民，擺平社會矛盾，一貫地「有利

有弊無立場」，不問是非只利誘。

新思維和新精神，只需堅持兩個觀點，一是愛國立場，二是人民至上，要真正為國家民族着想，要全心全意為人民服務。知易行難，改也難。

那麼，香港今後何去何從？還有什麼前途？表面看來，千頭萬緒，困難重重，理論上知難行易，實踐時知易行難，關鍵就在戰略上高瞻遠矚，戰術上步步為營。香港特區的出路在改變舊思維，建設新精神，一改殖民帝國主義作風，告別買辦經紀心態，明白到資本主義有其內在缺陷，必然引致貧富懸殊和階級矛盾，社會情緒不穩，尖銳不可調和，在極端情況下隨時引爆，甚至會走入無可和解的死胡同。香港特區的出路就在服膺祖國執政黨和中央政府的引領，明白到社會發展的大趨勢，最終改良後的資本主義必然要融合到優化中的社會主義裏去，天下為公，大公小私，先公後私，民權至上。通過中國執政黨，堅定地引領特區政府進行建設發展，才是維護「一國兩制」唯一正確的出路。

香港是一個偉大的舞台，自 1840 年開埠以來，多少代中國人的辛勞成果累積才有今天，當代港人何幸處身其中，有機會在此地大顯身手。關鍵就在回歸到中華文化的傳統，認清社會主義最終必然取代資本主義的世界潮流，平穩過渡，公私兼顧，長期規劃，實事求是，市場力量和社會力量雙翼齊飛，支撐政府居中執政，不斷

入球得分取勝，是大勢所趨。

　　港人要充分認同中國共產黨的理想就是實現中華民族的偉大復興，而且是千年大計，以百載為階段宏圖，從今天起，踏上第 2 個 100 年的偉大征程到 2121 年。香港在這個民族復興的大潮上，定要跟上，不可掉隊，在「一國兩制」的巧妙安排下，應還可以發揮某種獨特的作用。用本地生動語言來形容，就是不可錯認老竇，不可數典忘祖。如不同意，可以移民，走時可歡送；如要回來，只要合法守法，仍舊歡迎。

　　特區政府的領導不可以「漢人學得胡兒語，站在牆頭罵漢人」，以這樣一種模棱兩可、喪失立場、舊日的奴才心態，好像仍然代表着已屬過去式的「事頭婆」（英女王伊利沙伯二世）來管治香港特區，這種心態來自殖民帝國統治者，無法在新時代良政善治，從港英政府過渡而來的一小撮官員，一般都有這種習氣，不問是非，立場曖昧，自以為高人一等，指指點點，凡事只略識之無，以文件旅行，以處理單據的方式推搪塞責，總之要按月準時領薪，退休後鬥長壽。

　　總而言之，特區政府需要有文化局講好香港的故事，重點應該集中在開埠 181 年來的人與事，聚焦在胼手胝足的香港人，他們怎樣在這地方辛勤努力為祖國反帝反殖、建黨立國、抗日抗暴做出過什麼貢獻，與此同時創造出一個璀璨輝煌的「東方之珠」，從平民

大眾的人與事的角度闡述香港的歷史，講好香港的故事。要奪回話語權，不能讓別人高談闊論什麼借來的空間借來的時間，被別人於 97 後變換一個方式仍在香港特區上下其手說三道四。

香港的 181 年不應留白，不應被歪曲為官商的片面成績，人民自己的故事，政府要領導人民自己講。媒體力量微弱，對愛國護港陣營傷害巨大，如果講不好自己的故事，等同啞巴了，自動封嘴封筆不動手，那就永遠被動，絕對不容忽視。全世界輿論基本上被以美國為首的西方媒體壟斷，在香港問題上肆無忌憚，指鹿為馬，隨意抹黑，嚴重影響世界人民甚至內地同胞對香港產生誤解，甚至嚴重偏見。香港必須要有由文化局支持的有公信力的民間獨立媒體，對外對內都要講好自己的故事。

近年被特朗普針對的「字節跳動」，旗下產品抖音加 TikTok，每月活躍用戶多達 19 億人次，估計市值高達 4500 億美元，是最具潛力的中國新媒體企業，香港在輿論、教育、文化、思想、歷史、演藝 6 大方面的未來發展，應鼎故革新，趕上新時代，對今後 26 年香港公媒體和自媒體的發展方向有重要啟示意義。回過頭來看香江現狀，特區政府似還未睡醒，思之令人痛心疾首。

2021-07-16

文化認同在教育和輿論
人心回歸在經濟及民生

　　下一任特首肩負「一國兩制」50 年不變下半場 25 年的開局重責，組建「愛國者治港」團隊，開展必要的整頓和改革，特別是輿論界和教育界，長期耐心做工作，以家國情懷和民族自豪感，實現文化認同。對下屆特首的硬核要求，應該是真正的愛國者，為港人謀建設發展，政治水準高，有國際視野，和中央保持高度一致，致力經濟和民生，以美好生活和實惠獲得感，達致人心回歸。

　　下任特首及其核心團隊面臨極嚴峻的挑戰和考驗。不審時度勢，則寬嚴皆誤。有管治威信和意志，才可用寬。兩者俱缺而用寬，非但無效，適得其反。政治的運籌帷幄，要有主導輿情的論述能力，才能服眾。港人在知威後才會知恩。不懂恩威並重，市民得了好處也不領情，壞人受到懲罰也難服眾。此外，還要兼聽則明，人才匯聚，以德服人。真正的愛國者，必然有文化認同，有家國情懷，以身許國，忘卻私利；如果沒有愛國的奉獻精神，很難帶領港人心向祖國，人心回歸。

　　從這個角度看，必須承認，治港人才嚴重不足。政壇上如果有太多忤逆的刁民和忠誠的廢物，非港人之福。治港團隊要能夠疏導民意，爭取民心。領導班子不在以什麼選舉方法產生，而在真正有能力為民請命。要同時有選賢舉能及撤舊換廢的機制。若治港團隊成員一旦上台，經事實檢驗證明不稱職，但恬不知恥，賴死不走，所謂問責制度名存實亡，社會上正反兩方面的動能互相抵銷，人心難凝易散。民間 KOL 力竭聲嘶，而在位者裝聾作啞。中央在選舉制度上堵塞漏洞，確保治港團隊由愛國者組成，固然重要；視乎團隊成員上位後的工作表現，如何有效地落實問責以除舊換新，關係民心背向，堅定掌舵才能行穩致遠，更為重要。

　　在輿論界和教育界的整頓和改革，已迫在眉睫。港人拍案而起，質問香港電台還要橫行到幾時，特區政府有什麼解決方案。教育界的關鍵，是要有正確的歷史論述，為文化認同和人心回歸打好基礎。學術界有不少學者提出要建設香港回歸祖國紀念館，應予考慮。黑暴動亂後，中央以實施香港國安法回應，定出立法內容和司法機制。香港重新出發，二次回歸，目標就是通過文化認同，達致人心回歸。

　　治港之道，剛柔並濟。剛的一面是實施國安法。柔的一面，成立回歸紀念館，以配合教育界和輿論界及時作出整頓、改革和發展。打掃戰場，大致恢復秩序後，要寬鬆平靜，以充分時間和耐心，

讓立場曖昧而認識不深、缺乏國家觀念的部分港人，通過自我觀察和 KOL 說理解釋，逐步轉到愛國護港建設發展的主流民意上來。

香港的長治久安，除了完善法制和有效執法外，還要治心育人。教育界的亂局盤根錯節，要撥亂反正，不能一蹴即至。文化認同，從頭做起。設立回歸紀念館，可以抗衡反對勢力任意歪曲歷史、歪曲基本法、抹黑「一國兩制」，抹黑祖國的惡劣行徑。

當前香港社會，尤其是學生，一不懂歷史：感受不到自身和中華民族血脈相連。二不知時勢：不認同香港已經回歸祖國的現實，不理會國家正在和平崛起，不明白香港前途和祖國發展緊密相連。三不辨將來：因迷惘前景，誤解「一國兩制」，擔心 2047 後將會如何，自製危機感。部分港人，尤其是青少年，被利用參與種種違法暴行，毫不珍惜社會當前所有，肆意破壞打砸搶燒，毫不偶然。

香港回歸祖國，應該強調如何正確對待香港的殖民遺產及香港人的身份認同問題，必須堅持「一國兩制」的辯證法，解析清楚以下五個方面，才能夠有真正的文化認同。

第一，英國殖民者統治歷史有其雙重性，即侵略壓迫和制度建設同步兩面展開，需要區別對待；且要認識清楚殖民制度建設的根本目的在於英國自身的殖民利益；第二，「一國兩制」和基本法已經肯定和傳承了殖民遺產的合理因素，批判改造了其中的不合理因素，因此香港管治包括政制發展必須以基本法為準則和依據，關鍵

在如何落實,在落實的過程中,中央有主導權和創制權;第三,香港反對勢力的表現,在立法會內外,特別是發展到街頭暴力的過程中,反映香港市民缺乏國民意識,民族認同和文化認同,因此要嚴肅批判港人殘留的、負面的戀殖意識,以建構可讓港人行穩致遠的國民意識;第四,去殖民化不是為了改變香港的次文化、習慣價值和生活方式,而是在「一國兩制」和基本法的框架下,以抑制全盤西方化、過度本土化和對抗「去中國化」的分離意識為目的;第五:如果「一國兩制」證實能夠成功實踐,香港社會和諧有序,2047後香港應爭取繼續按照基本法運作下去。

香港要去殖民化,只能走「歷史分析,理性擷拾,去蕪存菁,擇善優化」的道路。致力文化認同的目的,就是要為港人補課,長期努力,履行在這個歷史過渡階段的艱巨任務,通過爭取民心,最終達致人心回歸。

作為「一國兩制」這個極富想像力的政治體制之下的行政長官,一定要有高瞻遠矚的、令港人信服及樂意追隨的完整的文化認同論述。「一國」有底線,「兩制」有邊界。由於歷史原因,本地產生的治港人才嚴重不足。當前國際形勢,把香港推到前敵的邊緣,特區政府需要中央強勢的指導。「一國兩制」,要求中央主導創制,在「一國」領導下,「兩制」良性互動。

後起之秀十分關鍵。回歸 25 年了,香港培養更多的愛國者,

要從頭做起。內地對香港，可能首先應該對老一輩的（當年的年輕一代），香港自上世紀七十年代以來（回歸前 25 年）揭櫫民主回歸的當年的愛國者隊伍，心懷感恩，在五十年後的今天，和他們重新熔接，在新的基礎上重建回歸後的愛國者隊伍，鼓勵他們雖老驥伏櫪仍志在千里，煥發光熱，攜手發展。

　　期待下任特首真正愛國護港，不論是誰，在聚焦經濟民生的建設發展的同時，能夠及時提出令人信服的完整的文化認同論述，自能脫穎而出。如果可以，則港人幸甚，人心回歸的終局篇，假以時日，必將到來。

2021-03-09

願得此身長報國
何須生入玉門關

　　筆者研究國家「十四五」（第十四個五年規劃）規劃綱要，發覺中央對香港未來有高度期許。簡言之，有以下三項：

　　第一，定下基調要落實中央對特區的全面管治權，維護國家主權、安全、發展利益和社會大局穩定；防範外部勢力干預特區事務；加強憲法和基本法教育及國情教育，增強國家意識和愛國精神。

　　第二，提出「一個樞紐」和「四個中心」的定位，進一步鞏固香港的競爭優勢。提升國際航空樞紐地位，強化風險管理中心功能，建設國際創新科技中心，建設區域知識產權交易中心，發展中外文化藝術交流中心。事實上，香港既聚集傳統產業，亦依賴外部世界。現階段中央要求香港有新的調整和動作。香港是全世界為數不多的東西方文明匯聚的國際都市，有明顯的軟實力潛質。黑暴動亂已過，今後一年聚焦打掃戰場後，應馬上確立上述「一個樞紐」和四個新中心的地位，如能及時過渡成功轉型，香港特區應可重新發揮自身優勢，吸引高端人才，煥發新的創意。

第三，加強與內地的互補協同，支持香港更好地融入國家發展大局，尤其是高度融合到粵港澳大灣區的發展建設。

自回歸以來，香港歷經內地四個五年規劃。從 2001 年開始，首次提到對香港特區的期許，要配合國家的發展規劃。從十年前開始（2011 年），單獨提出對香港特區的要求。五年前的「十三五」規劃，涉及香港特區的內容，更加明確精準，強調要提升經濟發展，深化與內地合作。五年後的今天，進一步明確在行使對香港全面管治權的前提下，保障政治安全。港人估計，香港將會獲得更多機會，承載祖國更大重託；相信下一步北京將會出台更多惠港措施。在產業政策上，將會強勢領導，促進香港與粵港澳大灣區融合，產業要素高效流動，提升互聯互通水準，推動兩地科研人員和大學進一步合作。

回顧過去 24 年來，中央對香港的期許和方向一貫十分明確，可惜港人未充分「食住上」，受到太多政治干擾。黑暴動亂突如其來，港人手足無措。中央發現要及時堵塞漏洞，提出要行使全面管治權，落實「二次回歸」。今後 25 年，更要完成文化回歸和人心回歸。

估計中央會打出一套組合拳。第一招是實施香港國安法，第二招是完善香港選舉制度。視乎形勢演變，估計第三招將會是完善涉港國籍法。

　　有關香港居民（市民）、公民和國民的界定問題，或將會進一步制定有關香港特區的國籍法。香港的最大優勢，是華洋雜處。不少中國香港人移民到海外後，回港參與祖國的建設和發展，持有雙重國籍。他們是華裔的身份。海外華僑在中國近代歷史上發揮極重要的作用，終始無異，回歸前後如一。四海是一家，落葉總歸根。特區歡迎他們回港居住，工作也好，退休也好。外國人在特區工作需要簽證，不等於有永久居留權。作為特區的永久居民，有需要界定國籍問題。持外國護照的居港者，包括華裔居民，即使有3粒星，或許應該沒有政治權利，包括選舉權和被選權。參照國際慣例，這絕對不是新事。例如美國，在美國工作要有簽證。如欲取得居留權，需要申請綠卡，條件嚴格。至於是否再申請成為美國公民入美籍，從而取得美國護照，那是更進一步，入籍的條件十分苛刻。

　　估計中央因勢利導，視乎香港和國際環境的變遷，將會與時俱進，循序漸進，謀定後動，後發先至，前提是傳承過往，拓展未來，充分肯定華僑和華裔在祖國建設和民族復興過程中的貢獻，從維護特區的「一國兩制」的基本利益和大局出發，全面考慮。

　　最近新成立的政治團體「市花黨」，值得港人關注。「愛國者治港」的概念經由全國人大澄清，並取得港人共識後，從現在起到明年的三個選舉，十分關鍵。「市花黨」提出，爭取「一國兩制」於2047年後延續50年到2097年，期以百年，完成香港的全面

回歸。這個提法可能為時尚早，但頗有新意。它涉及如何界定特區居民的法理身份問題，毫不簡單。到 2097 年，相信「兩制」之間的融合，已達到一個你中有我，我中有你的整合階段。在經濟，政治，社會及文化各方面，「兩制」互聯互通，估計屆時一個具中國特色的市場經濟和計劃經濟互相融合的社會主義制度體制和運作系統已相當成熟，是否仍存在「兩制」之間的差異，早已不成問題。

「一國兩制」的歷史任務，是在「一國」的主導之下，由愛國者組成的治港團隊管治，聯合以香港為家的不同國籍的居港市民，共同努力，「兩制」共融互動，擇優捨劣，取長補短，共謀經濟建設和社會發展，這才是正確的思路。所謂「愚者互踩，智者互抬」，就是要互相學習，取長補短的意思；不可以機械地誤以為「兩制」之間要隔絕開來，那是完全錯誤的思維。港人多年來被分離主義者誤導，以政治口號凌駕經濟工作之上，思之黯然，哀其不幸。

「市花黨」提出要吸收黨員高達 25 萬，歡迎現有政黨及社團的成員加入，這想法十分新鮮。估計比較確切的說法，應該是：凡是愛國者都歡迎加入。港人習慣有多重身份。目標是最大限度地團結大多數香港市民。這個想法，等同群眾路線，符合互聯網時代發展的規律；政府，社會和市場三方互動協作的形態，新社會階層迅速冒起的趨勢，順應社會財富再分配和社會階層流動性的要求。從這個角度看，應該理解「市花黨」實在是一個民眾聯席的平台，無

問東西，不重背景，無關身份，不分新舊，協作包容，命運共同。港人真正要走群眾路線，華洋不問，在獅子山下，團結一切可以團結的市民，在愛國護港共謀建設發展的大前提下，結成政團和群眾走在一起的民眾大聯盟，各具不同的身份，來自不同的社會階層，有不同的專業背景，東西南北一家親，在反對禍國亂港的大前提下，25 萬人參加群眾平台不是夢。

從這個角度看，中央為香港特區完善選舉制度，長遠而言，其實正是沿着最終實現普選的方向邁進，實在是民主的進步，而不是倒退。普選並不單是選票選舉，應該是選票選舉和協商選舉的混合體。基本法規定，行政長官不可以有政黨背景。事實上，行政長官不一定需要有政黨背景，但絕對可以作為群眾平台的普通一員，緊接地氣，間接參與到政黨和社團的活動。香港不需要建制派，只需要建港派。民眾聯席的平台，不論名稱是洋紫荊還是木棉花，實質上是建港平台。港人都是建港派。

如今時間緊迫，特區政府在全國人大常委會公布完善新的選舉制度之後，因為完成相關的本地立法需時，下屆立法會選舉，可以等到下屆行政長官選出之後，延期一年。這樣做，再下次的立法會和行政長官同年選出，將會在 2042 年。估計屆時有關 2047 後特區的具體安排或會有定案。這做法，估計對 2022–2047 特區今後 25 年的良政善治，更有裨益。

　　完善特區的選舉制度，在基本法的框架下，本質上是民主的進步，是香港政制的改善。將來在適當時候，估計在 2014 年全國人大常委會曾經提出過，後來卻被「泛民主派」否決的「8·31」框架，或可以在做出必要的修訂後重新提出，接駁從「佔中」到黑暴（2014–2020）導致的斷層，重新出發，循序漸進，最終達到普選的目標。

　　總而言之，香港特區是中國香港人的特區，其管治團隊應該由愛國者組成，而不應該是由任何人都可組成。這是放諸四海而皆準的國際標準，不能有任何含糊。過去一段長時間，由於二十三條遲遲未能本地立法，加上選舉制度有漏洞，被境內外敵對勢力鑽了空子，蹉跎了多少年？現在看來，立法會選舉延遲一年，並無不可，或更適合。一切決定，以保衛特區的穩定繁榮為大前提。特區的任何整頓和改革，選舉安排必要的改動，最終目的不外乎是為了讓港人過上更好的日子，不可以選舉凌駕一切，那是本末倒置。「愛國者治港」，完善選舉制度，目的就是要讓香港重新聚焦經濟發展和社會建設，不可以再讓香港被利用為反對內地的政治城市，威脅國家的安全，挑戰國家的主權，妨害國家的發展利益。

　　特首人選，最關鍵就是真正的愛國者，有堅定的熱愛祖國的立場。**願得此身長報國，何須生入玉門關？漢家旗幟滿獅山，不教胡兒匹馬還。**特首要能夠守住香港，在「一國」的主導下「兩制」互

動共融，這才是「一國兩制」的初心。時不我待，香港的優勢正逐步收窄，孤立自己，沒有前途。這不是危言聳聽。例如最近在深圳特區，羅湖和鹽田將會分別設立免稅消費中心。一旦疫情過去，估計不少港人將會北上消費。香港的唯一出路，就是融合到大灣區，結合到全國經濟發展的規劃之內。

　　據傳近期一些知名人物已表態有意競選下屆特首，令人憧憬。港人熱切期待，從現在起，香港應能夠浴火重生，開拓新的局面。至於以美國為首的反中言論不絕於耳，僅屬噪音，在外交層面上自有中央適當處理，估計完全不會影響香港特區今後發展的前途和方向。

2021-03-14

建黨偉業矢志不渝
百年香港不曾掉隊

　　由於現實和歷史原因，港人過去 24 年來一直被別有用心的人誤導，對中國政府及中國共產黨有嚴重疏離感，缺乏歷史認知。其實香港開埠 157 年來，一直與國家命運息息相關，呼吸與共。教育界和輿論界有不少人，估計既是有心亦是故意，往往忽略或無視甚至割裂內地和香港之間的歷史淵源，導致年輕一代對自己的國家、對自己的同胞、對政黨、對政府、對軍隊，缺乏應有的認識。歷史並不如煙，幾許人與事被深掩埋藏，然而隨手拈來，有血有肉，可歌可泣。黃作梅就是一個典型的例子。

　　黃作梅祖籍廣東番禺，1916 年生於新界上水，1935 年畢業於皇仁書院，是所謂「番書仔」。當年他是進步青年，因為參加反殖愛國活動被港英政府逮捕，營救後獲釋。抗日戰爭爆發，黃作梅積極參加香港同胞抗日愛國救亡運動，加入中國共產黨時，年 25 歲。他隨即被派赴廣東人民抗日游擊隊東江縱隊，數年間在中共的策劃下，共同營救無數被困於香港的愛國民主和文化人士以及同盟

國人員，包括拯救墮機的美軍飛行員，轉移他們到內地及其他安全地點。黃作梅出生入死，智勇雙全，負責電台收發，由於英語流利，與美軍進行情報互換合作，抗擊日軍，立下豐功偉績。他是東江縱隊聯絡處首席翻譯官及對外聯絡員，抗戰勝利後，按照黨組織的安排，黃作梅重返香港，籌備東江縱隊駐港辦事處。1947 年，他被派駐英國，出任新華社倫敦分社社長。1949 年回港，先後出任新華社香港分社社長、中共香港工委負責人和中共香港工作小組組長。

皇仁書院是香港老牌名校，畢業生無數，有優良傳統，代表人物是革命先行者孫中山。自創校以來，過去 159 年，以正統官校而一直傳承兄弟之情手足之誼，憂國憂民有使命感的傳統校風。凡屬皇仁舊生，大都有共同的書生意氣，風聲雨聲讀書聲，聲聲入耳，家事國事天下事，事事關心。家國情懷，仗義任俠，打抱不平，豪氣干雲。昔日同窗聚首，往往細述前事，代代相傳，娓娓道來，不絕如縷。黃作梅就是皇仁故事之一，今天藉着中國共產黨建黨 100 周年，回顧黃作梅的事跡，值得港人及時參考對照，明白到港人和祖國血脈相連，實在斬之不斷。為什麼內地和香港息息相關？可自行判斷，更無需多言。

黃作梅 1955 年為國捐軀，以 39 歲英年早逝，令人扼腕。當年黃作梅所乘的克什米爾公主號飛機在空中爆炸，幸好周恩來總理

因故改變行程，倖免於難。事件在當年引起全球轟動，史稱克什米爾公主號暗殺周恩來不遂事件。那是一次發生在東西方冷戰期間的政治特工間諜戰，敵方針對的目標、要置其於死地的，是中華人民共和國總理周恩來。

克什米爾公主號是印度航空的一架洛克希德星座型民航飛機。當年4月，克什米爾公主號執行包機任務，從印度經香港飛往印度尼西亞，原定接載中共代表團前往萬隆參加會議。在香港啟德機場停留期間，被國民黨特工買通一名機場清潔工，按照其指示將炸彈安置在飛機上。事後查明，真相大白。飛機在接近印尼海岸時爆炸，機上除3名機員生還外，包括黃作梅在內的11名乘客及5名機組人員罹難。由於周恩來事發前臨時改變路線，所以此次暗殺行動宣告失敗。

上世紀五十年代，國際格局發生重大變化。隨着朝鮮戰爭停戰和中國大規模經濟建設開始，中國迫切需要一個和平安全的國際環境。當時，亞非國家反帝反殖運動空前高漲，要求和平獨立、要求發展本國經濟、要求改善同中國關係的願望越發強烈，凝聚共識逐漸成為佔全世界人口50%亞非國家的殷切要求。中央決定大門打開，走向世界。1954年周恩來匯報日內瓦會議的成績時，提出外交要爭取主動，毛澤東予以肯定：「國門關不住，不但不能關，更要走出去。」遂有翌年在萬隆召開的亞非會議，多國聯名邀請中國

　　參加。周恩來覆電同意，並表示願意為促進亞非國家之間的合作而努力。出席亞非會議的共有 29 個國家，其中，與中國建交的只有 6 個，其餘 23 個和台灣國民黨當局保持「外交關係」。中國到萬隆出席亞非會議，必然在亞非地區乃至全世界產生重大影響，美國聯同蔣介石因此要對中國代表團出席亞非會議千方百計進行阻撓和破壞，部署暗殺周恩來，計劃是製造空難事故，機毀人亡。

　　當年黃作梅是香港新華社社長，為這次周恩來出訪殫精竭思，費盡心力。間諜和特工之間的暗戰，風詭雲譎，驚心動魄，不足為外人道。為保密起見，新華社直到中國代表團出發之前才發布消息：國務院總理兼外交部長周恩來為中國出席亞非會議的首席代表，率陳毅、黃鎮、廖承志、黃華等不日將飛赴印尼萬隆。但行程保密。

　　代表團如何安全抵達印尼是周恩來考慮的一個關乎生死存亡的大問題，當年中國沒有遠程飛機，建交的亞洲國家中，只有印度可以安排。當年印度航空公司的飛機未曾到過中國，代表團只能到香港啟德機場轉乘。經過縝密考慮，周恩來決定從香港包機，乘坐印航性能較好的 C–69 型客機「克什米爾公主號」。為安全起見，他指示有關部門同印航商妥，印度至香港的航班照常進行，不動聲色，只在中國代表團抵達香港後才將「克什米爾公主號」臨時改為包機。

在代表團出發的前幾天情況有變，緬甸總理邀請周恩來率中國代表團先行訪問仰光，與印度總理、埃及總理和阿富汗副首相共商亞非會議的有關問題，事先做好準備。周恩來遂讓代表團到昆明集中，待他訪問緬甸後才出發去印尼。

周總理的行程保密，臨時更改不為人知。於是由於上述突發安排，陰差陽錯，國民黨特工情報滯後。中國有 8 名工作人員，包括黃作梅在內，因工作需要必須先期到達萬隆。除黃社長外，還有隨團記者、外交部新聞司、總理辦公室和外貿部工作人員於原定周總理行程的當天，乘坐被安置了炸彈的克什米爾公主號起航。飛機在飛到北婆羅洲沙勞越附近海面上空時，計時炸彈爆炸，飛機起火墜入大海。機上的中國代表團工作人員以及隨同前往的中外記者 16 人全部罹難。

黃作梅殉國，周總理逃過一劫。消息傳來，全球嘩然。其後周總理在萬隆會議上縱橫捭闔，他提出的求同存異精神，國家不論大小一律平等，國際交往和平共處五項原則，到如今仍擲地有聲，閃閃生輝。客觀上黃作梅等人的犧牲是被動為國家立了大功。

港人對黃作梅的早逝和 66 年前發生的間諜戰和暗殺計劃，相信知之甚少。類似驚心動魄的故事不少，內幕曲折離奇，說明香港作為國際都會的特殊地位和內地的紐帶十分緊密且從未中斷，扮演着獨特的角色。中國革命成功和建設發展，一點一滴都有港

人的參與和貢獻。香港回歸祖國已 24 年，獨惜文化和人心尚未完全回歸，這離不開港人一定要學習歷史，重新補回中華文化缺失的一塊和思想踏空的一步。要重建國家觀念和家國情懷，捨此別無他途。

香港特區政府不可再因循苟且，應重新摭拾對歷史、文化和思想的話語權。香港的年輕一代被誤導，思想混亂，迷失方向，思之令人仰天浩嘆，十分遺憾，應嚴厲追究問責深入檢討，期待下任特首能夠改弦易轍，從頭收拾，重新開始，還歷史一個公道。別的不說，皇仁書院舊生從孫中山到霍英東，一串串熟悉的姓名，他們對家國的貢獻應有詳細論述。文化局要設立、教育局要換人，已是港人共識，毋庸置疑。

黑暴動亂之後，境內外敵人亡我之心不死，還會用盡各種方法，化整為零，進行嚴重破壞。孤狼式的恐怖襲擊，並非沒有可能，這不是危言聳聽，不是杞人憂天。日前警方採拘捕行動，有人涉嫌藏有大量軍火計劃在今天從事破壞，有人在網上宣稱要謀害「知名人士」。樹欲靜而風不息，理應高度地警惕。類似 66 年前的克什米爾公主號暗殺事件，性質容或不同，雖遠實近。港人宜乎居安思危，保持醒覺，防微杜漸。寄厚望於保安局出身新上任的政務司。

2021-07-01

滿城盡是解籤佬
穿鑿附會略離譜

每年正月初二，港人都熱衷於到車公廟拜車公。車公是大元帥，宋朝末年一名勇將，平定江南之亂有功。後來蒙古大軍壓境，南宋無力抵抗，宋帝昺南下避難來到香港，由車公一路護駕，駐守西貢。後來車公在軍中病逝，後人紀念他生前精忠英勇，又得到道教奉為神明，於是立廟供奉，在沙田設有車公廟。每年正月初二的重頭戲，就是新界鄉紳代表到車公廟為香港前程求籤問卜，煞有介事，解釋一番。

今年抽出的第三十八籤是中籤，關鍵在第三句：「媚奧不如去媚竈」。究竟什麼意思？過去兩天，全港有不少解籤佬突然出現，不論專業或業餘，按照個人主觀喜好，言人人殊，議論紛紛。其實「媚、奧、竈」三字，意義深遠，很多人都不識其正解而穿鑿附會，混淆視聽，有必要作出澄清。

這一句詩出自《論語‧八佾》：「與其媚於奧，寧媚於竈」。

怎樣解釋才正確？且從其本。

「媚」字，在金文大篆已有。符為字，號為數。媚字的符由女和眉兩字合組而成。古時女子矜持，見人遮面，只露雙眉。人只靠看女子之眉，來猜想她的面貌和品行，引喻為憑少許現象而作出猜想。今人大多不知媚字的本源出處，錯解媚為一種態度取向，例如阿諛諂媚，煙視媚行。因而差之毫釐，謬以千里。

「奧」字，也是在金文大篆已有。奧字的符，分上下兩部分。上部顯示安處之所，內裏有草。下部顯示群策群力，多人出手。正確的解釋是家居之處長滿野草，要多人合力才能夠把雜草清除。《漢語・詞語》有云：奧草，指茂密的荒草。《國語・周語中》有云：民無懸耜，野無奧草。人民善於打理清除（耜沒有掛起來不用），因而田野並無荒草。日本有不少人的姓氏曰「奧田」，就是他們的祖先來自雜草叢生的田野的意思。

「竈」字，也是金文大篆已有。竈字的符，有火有土，正確的解釋是好好地利用火來做事謀生以糊口，引申為煮食用的工具，以耐熱土製成的竈頭。竈頭要求極高，因為要用烈火烹煮，蒸燉炆煎，既要耐燒，又能傳熱。能夠高效率地使用火，那就肯定會造福世人。中國傳統拜竈君，因為懂得感恩。

有以上對說文解字的正確認識，那麼：「與其媚於奧，寧媚於竈」，便容易理解了。

《論語》不是出自孔子，是他的學生們將孔子的教誨記錄下

來，因此是中國儒家傳統的精華。

孔子言傳身教，「寧媚竈，不媚奧」的意思，是處世做人要實事求是，觀世察人也要全面睇，不可以只憑少許的個別成績而忽略全局的整體表現。孔子認為，要決定人的質素，要評價人的才幹，一是看他能否清除堆滿住所的荒草，二是看他能否利用火爨廚房的竈頭。孔子的意思，如果要二擇一，相信大家都不用猶疑，都會選擇後者。因為民以食為天，價值鏈相因相成，連環緊扣，只有供給側的改革，才能夠倒逼上游。先吃好，後除草。

其實孔子還有二重深意，一是諷刺一些人，從來不好好打理源頭，直至有事發生，才去善後。二是讚譽一些人，不畏艱辛，做到長遠建樹，為萬世而謀。

「與其媚於奧，寧媚於竈」。用現代人的說法，就是居於廟堂之高，雖然尊貴，不如竈下掌廚的執行者實際供其飲食，所以說處江湖之遠的平民百姓才真正有睿智，懂得辦事。人民是真正的英雄。就這個意思，無需穿鑿附會，強加解釋。忽然解籤人如單憑自身的主觀意識，胡亂發言，容易誤導。目光向下，全心全意，尊重做實事的人民，以人民之心為心。除此之外，應該沒有其他意思。再加引申，無非是勸喻領導者要貼地勤政為人民，聽取民意民情，全心全意，心懷家國，服務社群。

2022-02-04

深港應共同締造新時代的新安縣

〰〰〰〰〰〰〰〰〰〰〰〰〰〰〰〰〰〰〰〰〰〰〰〰〰〰

　　歷史上，深圳和香港同屬新安縣。取名新安，是革故鼎新，去危為安的意思。鄧小平 40 年前成立深圳經濟特區，推動 17 年後收回香港主權，成立香港特別行政區。一個經濟特區，一個行政特區，可以互補共融，合作雙贏，為國家的繁榮富強，為民族的偉大復興，起雙引擎的作用，雙翼齊飛，為中國特色社會主義起橋頭堡式的示範作用。

　　前進的道路是曲折的，敵對的勢力是頑悍的，在實踐的過程中，正反兩方面的作用同樣重要。新時代的新安縣，深港地區，40 年一路走來，幾番風雨，現在以嶄新的面貌傲立潮頭，不能不衷心佩服鄧小平的高瞻遠矚。同時慶幸中央及時實施香港國安法，旋乾轉坤，把握時機，及時遏止泛黃黑暴的動亂局面，讓香港回復和平安定。

　　習近平主席後天出席深圳的慶祝大會，祝賀深圳特區成立 40 周年，估計同時會宣布今後 30 年深圳的戰略布局。深圳是中國特

色社會主義先行示範區，又是綜合改革的試點。深圳既要完善生產要素市場化配置體制機制，又要打造市場化、法治化和國際化的營商環境，更要完善科技創新的環境和制度，完善高水平的開放型經濟體制，完善民生服務供給的體制，同時完善生態環境和城市空間治理的體制。為此，深圳需要強化保障措施，認真落實，着力在以下五個方面：全面加強政府的領導；工作機制要創新；責任要落實到基層；強化法治保障；營造改革的氛圍。深圳是朝氣蓬勃的新興城市，完全有條件成為帶動大灣區發展的火車頭。

反觀香港特別行政區，由於歷史原因，加上當前國際環境面臨巨變，過去的不少優點變成包袱，境內外敵對勢力利用香港這個中門大開的國際都會的漏洞，23 年來處心積慮，一直想在香港搞「顏色革命」。泛黃黑暴動亂，表面看是壞事，但由於中央及時應對得當，壞事完全可以變成好事，鳳凰浴火重生。

香港缺乏對前景的論述，特區的行政主導有待加強，要以創新思維改革政府的工作機制，要真正做到高層官員問責，強化法治保障，營造改革氛圍。當前要做好培育國家意識，確保國家安全，捍衛國家尊嚴，維護國家利益，在司法、教育、輿論和民生四大方面推動改革，通過限制過度放任的市場和管理過度壟斷的資本，引進以民為本的社會主義元素，改善（優化）香港的資本主義制度結構。香港的所謂深層次矛盾，說穿了不外是兩個方面，一方面是忘

記「一國」是前提，另一方面是忘記「兩制」要互補。教育、輿論、民生、社福、就業、房屋、醫衞、基建、創科、環保以至立法和司法，在行政主導下，如果不和祖國接軌，特別是不和廣東省、大灣區和深圳特區接軌，香港就如同無根浮萍，知向誰邊？

香港特區政府急宜猛醒，不要錯過帶領港人重新出發的大好良機。歷史契機稍縱即逝，否則不單辜負 730 萬港人的期望，更辜負時代的重託。本人自 1992 年回港工作，28 年來經常往返亞太各地，對祖國翻天覆地的變化，舊貌新顏，嘆為觀止。香港今後 30 年，應充分配合深圳的發展，共同締造新時代的新安縣現代版 1.0；融合到大灣區，向內地同胞和國際友人展示新風，重拾「東方之珠」的璀璨和光芒。40 年前，鄧小平以 76 歲的高齡，在推動中國改革開放的初始階段，估計他對深圳和香港的互動互補已有極深刻的構思。期望來日的深港地區，經濟特區和行政特區，能夠落實協同效應，渾成一體，帶動大灣區趕超東京灣區、紐約灣區和三藩市硅谷灣區。

寄語港青，既要放眼世界，因為我們的視野在環球；更要認識祖國，因為我們的根源在內地。2020，庚子之年，常言危中有機，宜乎吐故立新。革故鼎新，化危為安，深港新安，就在今天。

2020-10-12

迷信私隱是思想誤區
實名制潮流勢不可當

為什麼說科學技術創新，不斷塑造人類未來？科技創新和發展，一直在推動着人類共同命運往前進。這命題十分複雜，需要學者和教授多做科普工作，啟示市民。例如民主自由人權法治這些概念，看似簡單明瞭，其實容易誤導，應該予以澄清，要有準確的定義和論述。除此之外，有關私隱問題，亦可以是導人迷思的誤區。

隨着科技發展，尤其是區塊鏈技術的普遍應用，今天我們擔心的私隱問題，將會成為明日黃花，變得自然而然有保障，無關重要不相干。將來對於所謂個人信息，將會在足夠技術保障之下存儲妥當，擔心私隱洩漏變得毫無意義，除非已經犯罪或意圖犯罪。出路就在大數據處理和區塊鏈技術。因此，智能手機作為人類移動接收及傳送數據，影像和語音三位一體的視聽器官，一律要實名註冊，無問東西，無關體制，是全球趨勢。

過去 30 年來，互聯網，通訊技術，大數據處理和超級運算技術的發展和應用，已逐漸踏進一個新的里程碑。別的不說，有關人

類基因圖譜排序，今後有極大的發展空間。20年內將會出現嶄新的思維，顛覆傳統的行為。最近習近平主席視察香港特區，雖然行色匆匆，但花了相當多時間在科學園視察，聽取了葉玉如教授有關她研究認知障礙方面的報告，十分關注，還詢問她有什麼方面需要內地幫助。這說明國家對創新科技方面高度重視，把本港科研和內地的融合擺在相當重要的位置。

　　基於區塊鏈技術，建設一個人類基因序列的區塊鏈，是一個嶄新範疇。可以組織起新型的人類基因探索和應用，平等分享到一個社區平台上，讓每一個個體自身的基因都可以成為自己的資產和財富。每個參與到基因序列平台上的個人，都能夠提供自身的基因數據給生物醫藥開發公司進行基因工程和基因治療方面的研究和開發，可以顛覆目前的醫療方法。例如對於長期病患的保健及對於各類癌症的治療，包括標靶藥、化療和電療等方面的傳統做法，將會走上一個新的台階。通過基因的精準預防，修護和治療，將來人類的壽命長達120歲已經不是一個夢想。其中一個方向，就是深入發掘基因數據的功能，建立全球標準化的基因功能數據庫，以民為本，在預防疾病和養生保健等方面打下堅實的基礎。一切以維護人民的健康為依歸，預防於未病，有病就醫治。

　　為什麼區塊鏈技術能夠保證數據私隱不被濫用（基因排序就是最基本的私隱）？這是因為區塊鏈的智能合約具備獨特的技術，可

以承擔保障私隱的獨特責任。個別區塊以鏈條銜接起來，可以提供不可變易的分類賬，不同的分類賬可以對每一宗過往交易提供永久性的驗證，讓彼此之間建立信任關係。每個個體的基因圖譜和序列的有關資料數據，可以分開在無數個不同的區塊儲藏起來，通過一個私人擁有的密碼一站式全部管控。只有持有該密碼的當事人，才能夠同時將儲藏在不同區塊的資訊通過鏈條協作融合在一起，構成完整的基因數據。每次提取數據之後都可以隨即改變密碼，保證私隱數據不被濫用。分開在不同區塊儲藏的信息多樣而全面，可以將全生命周期包括跨世代遺傳的檢測數據永久儲存到一個只能夠由擁有者自己檢索的系統之中，同時允許多個不同的應用程序與區塊鏈中存儲的任何一條信息聯繫起來，因此能夠提供患者的匿名識別功能，通過基因數據交換平台在全球範圍內促進對等交易。去中心化、加密匿名、不變性和全球性這四個特點，可以讓基因序列的資訊進行跨境交換，推動基因數據真正走向終極的應用。基因社區在互聯網上的平台有價交換模式，讓個體的基因圖譜序列成為數據提供方。數據需求方就是生物科技的藥廠，目的是用於基因替換、修護和治療。基因工程的研究開發及臨床測試需要海量的大數據支持。藥廠可以通過平台購買不同病歷、生理（甚至心理和意識統計數據）及遺傳特徵的個體數據，同時可以保障提供方的數據私隱。

　　平台可以通過發行基因幣的形式（gene token）在區塊鏈平台

上進行交易。個體和生物科技藥廠簽訂智能合約來完成交收。平台提供以區塊鏈技術為基礎的先進開放和去中心化的應用程式，受國家有關部門監管和認證。

區塊鏈的應用並不限於金融系統（例如央行數字貨幣CBDC）。除了金融科技之外，還有很多可廣泛應用的商業模式，將會創造大量新式產業和就業機會。基因工程方面，「基因社交平台」可以專注於人類基因組別的大數據開發（按病例分門別類，有無限的想像空間）。基因數據的定價可以建基於基因的個性化特質，可以在長期病患者之間成立基因社交圈，互相交流和支持。發行基因幣（要由國家有關部門認可，要和數字貨幣按既定等值掛鈎），可以用於購物和出行。逐步打造出一個健全完善的體系之後，將會是結合虛擬貨幣和實體經濟的大健康社交生活平台，在這個平台上可以進行各種有關健康、養生、醫療、保險、教育和傳承的產品和服務的買賣和交易。

以上只是一個本人認為相對簡單易明的例子，證明所謂私隱是一個很快就會落伍的概念。就等如所謂民主選舉，現在不少港人經歷過25年來被某些敵對勢力絮絮不休地唸叨所謂「真雙普選」之後，已迅速覺醒，明白到西方民主制度有其雙重標準的欺騙性。英國有六千多萬人口，是香港的9倍。英國首相2位候選人由358名選委以淘汰方式選出。反觀香港的選舉委員會共1500人，是英

國的 4 倍，如按人口比例更是英國的 40 倍。英國選委完成篩選後，2 名出線的候選人交給二十多萬保守黨黨員投票，勝出者當選黨魁後自動出任首相，並無全民投票。合資格選民只有 1%，而且沒有直選。私隱問題同樣沒有絕對，只要守法，沒有人有興趣知道我們每天在哪裏運動休閒，在哪裏吃飯聊天。智能手機實名制和身份證及基因數據的防偽一樣，怎可作假？道理十分簡單。

青年人對香港未來發展十分重要。香港特區政府和社會不同階層的領導，尤其是學者教授和有影響力的 KOL，都應該創造條件，讓青年人明白到「一國兩制」之下民主、自由和私隱的正確定義及精準論述，證明香港的活力仍存，港人的情懷不變。

2022-7-15

建設發展融入灣區才是硬道理

香港國際機場第三條跑道，由於多個來源的填料供應受到嚴重影響，入境香港的工人要接受 14 天強制檢疫，工程進度放慢。第三跑道原計劃可於後年投入運作，現在看來，整個第三跑道的系統估計不一定能夠如期啟用。財務安排方面，機管局除了發行 50 億港元的三年期零售型定息債券外，明年還要安排一項 200 億港元的五年期批發型銀團貸款。如不成功，才會考慮向立法會申請撥款。在目前立法會逐步恢復正常運作情況下，市民期望香港國際機場的擴建工程不會再被拖延。

估計第三條跑道工程最終耗資約 2000 億港元，成本高昂有兩大原因，一是當年規劃不足，缺乏預見性，沒有考慮填海問題，沒有預留或有需要建設第三跑道的空間。當年填海 1000 公頃土地花費 110 億，現在填海 650 公頃需要耗資 500 億。由此觀之，「明日大嶼」計劃，先不說能否成事，如磋砣歲月，磨磨蹭蹭，估計填海成本會不斷上升，以現時整體規劃的規模，如等到下屆政府

再提出，非到 1 萬億不會埋單結數，倒不如想辦法和鄉議局商討，協議價錢，換新界地，或更可藉此解決新界的土地繼承特權問題，港島九龍新界的土地權益全部一致起來，何樂而不為？1 萬億元，新界的鄉紳們怎不垂涎？當然「有得傾」，就看政府有什麼換地方案。

鄧小平說過，發展才是硬道理。空泛的政治口號，意識形態的爭論，妨礙發展。港人過去 23 年，嚐到苦頭，今時今日，還不覺醒？我們看看深圳，40 年來努力追夢，已迎頭趕上。別的不說，只看機場，就不難想像。深圳寶安機場在未來 5 年將開通逾 100 條國際航線，加快推進衛星廳第三跑道及 T4 航站樓等基礎設施的建設，5 年後將完成機場新一輪擴建，積極完善機場交通接駁設施，發展海陸空聯運服務，加快提升深圳機場的國際化水平，連接全球創新型城市、歐美及「一帶一路」新興市場，拓展全貨機航線，連通歐美和中東等地區的大型樞紐機場，建設具國際競爭力的快件集散中心。筆者從 28 年前開始所謂「跑大陸」，第一站就是深圳經濟特區。當年深圳市交通運輸局在機場的建設方面還剛起步（1991 年 10 月正式通航），到如今，旅客的年吞吐量已超過 5000 萬人次，世界排名在 30 強之內，隨着大灣區的持續發展，十年後將會如何？視乎新冠疫情能否有效地在全球範圍內受控，旅客吞吐量翻倍，世界排名升至 15 名內，毫不足奇。

回過頭來看香港，就在昨天，已自行解散的「港獨」組織「香港眾志」前秘書長黃之鋒、前主席林朗彥及前成員周庭，因為去年6月21日包圍香港警察總部，意圖策動暴亂推翻特區政府，3人於上周當庭認罪，全部還柙後，昨日在西九龍裁判法院出庭聽取宣判。黃周林3人分別被判刑13.5個月、10個月和7個月，3人需即時入獄。周庭申請保釋等候上訴被拒後痛哭，黃之鋒向着公眾席大喊大叫，林朗彥的情緒較為穩定。己亥之年，在香港發生的泛黃黑暴動亂，其性質是「顏色革命」，一場由境內外敵對勢力策動的政變，歷時一年，隨着香港國安法的實施，最終以失敗告終。昨天的宣判，儘管量刑過輕，或有爭議，畢竟正式坐實了所謂「社會事件」的性質，其實是有組織的暴動，目的是推翻特區政府，危害國家安全。

法官表示，判刑考慮案件的規模、人數、時間和地點、對交通造成的阻塞以及潛在風險等因素。法官形容黃之鋒當日無間斷地在警察總部外作出連串組織集結行為，反映黃之鋒是集結的組織人，得到集結者的附和，處心積慮組織集結，是主謀，是領頭人。至於周庭，法官認為她當日是積極參與者，替黃之鋒拿着擴音器，並面向集結者高呼口號，突顯其投入和參與。法官表示，為保障公眾利益及市民生命財產安全，判刑要具阻嚇力，因此，判處即時監禁是唯一選項。法官又認為3名被告的罪責相若，夥同犯案，分工合作，

首被告的行為最積極，因此判刑最重。3人的控罪是「煽惑他人參與未經批准集結」、「組織未經批准集結」和「明知而參與未經批准集結」，共3項罪名。他們3人今在獄中，不一定能夠看到本文，日後如果他們或竟有機會北上而途經深圳寶安國際機場，建議他們深刻反思，建設發展才是硬道理，破壞搗亂是犯罪。天網恢恢，要迷途知返，才是正途。

2020-12-03

五項建言謹供文化體育及旅遊局參考

筆者自從 2019 年 6 月在「點新聞」開啟「品評四方」專欄以來，至今已 37 個月。欣見新一屆特區政府行將宣誓就職，各方面有重新踏上正軌的可喜趨勢。在過去三年的過渡期，港人經歷幾許風雨，行將撥開雲霧見青天，今後有大量工作等着去做，成果為本，績效為實。今天重點談文化。

設立文化局，遲來了 10 年。為何延滯？不在本文討論範圍。新設的「文化體育及旅遊局」，體育及旅遊這兩方面如果要做得好，一定要方向正確，離不開以文化為主導。因此，文體旅三結合有其內在的合理性。總結過去三年，香港特區的曲折迂迴，證明回歸 25 年來，在中華傳統優秀文化教育方面存在極大忽略和失誤，應該從速撥亂反正，及時扭轉乾坤。藉此機會，筆者建議進行文化建設，一方面由政府力量推動，進行體制內必要的改革，另方面整合社會力量，開放言路讓市民廣泛參與。文化建設是一個中心，改革和開放是兩個基本點。

　　進行文化建設，首先需要承認，回歸以來，香港特區重大缺失之一，就是忽略了對中華傳統優秀文化的教育，導致新一代沒有正確的國家觀念。缺乏正確的認知根基和價值觀念，青年人的思想、行為和習慣就像建立在浮沙之上，造成人心迷失、方向迷失。中國歷史悠久，文化博大精深，塑造了中華民族特有的人文品格和道德風範，是民族精神的重要載體和根本依託。

　　近代中國從 1840 到今天，182 年來的社會變遷，在文化領域，基本上是從封閉走向開放，從傳統邁向現代的過程。怎樣處理好傳統文化和當代文明之間的關係，是一項重要而且艱鉅的任務。「一國兩制」所賦予我們神聖而光榮的歷史任務，就是要肩負這方面的職責和使命。要立足於「一國」和中華文化之上，然後才有資格講「兩制」和東西文化互動互補，取長補短，擇優捨劣。

　　新一屆特區政府，文化體育及旅遊局局長由上屆教育局局長出任，有其深意，因為文體旅遊局的具體任務，一言以蔽之，就是拾遺補漏，於此「一國兩制」偉大轉折的關鍵時刻，重建中華文化的教育，重塑香港特區的靈魂。因此，文體旅遊局的工作重點，第一，應該全面地系統地部署，讓中華傳統優秀文化貫穿到基礎教育、高等教育、職業教育和持續教育，體現在教學大綱、課程教材、教案教法、視學考試、校園文化等各方面；要真正重視構建中華優秀傳統文化教育的良好氛圍，為此作出全局性的、長期

的、系統性的部署。

其次，要將中華優秀傳統文化納入到中小學課程體系建設之內，納入到演藝、體育和旅遊三方面的產業體系建設之內，要支持和鼓勵中小學校、慈善團體和各類社團的活動立足於各自的實際，以發揚中華優秀傳統文化為基本色調。

第三，要引領教育界在教學材料和參考資料方面進行全面檢討和審視，考慮到不同年齡段學生的身心發育特徵和學習特點，確定中華傳統優秀文化教育的目標、課程和內容，增強生動性和活潑性，避免簡單的灌輸和說教。

第四，要引領教育界切實加強和改進文言文教育和普通話教育，鼓勵和配合社會力量切實加強和國內的文化交流活動。語言文字和藝術活動是中華優秀傳統文化的重要載體和支撐，從文言文、普通話和成語諺語，到戲曲演藝、韻樂歌舞和功夫武術，都屬於弘揚中華優秀傳統文化的範圍，是香港特區建設新時代中西文化融會和新舊文化交匯的原點和起點，是華麗璀璨的「東方之珠」在「一國兩制」嶄新的基礎上重新煥發光芒的關鍵。

第五，要加強中華優秀傳統文化教師隊伍建設，加強 18 萬公務員對中華優秀傳統文化的教育。滴水成河、聚沙成塔、集腋成裘。文化教育非一日，關鍵在長期堅持。政府力量要引領資本力量，市場力量和社會力量，同向而行，多方兼顧，百花齊放，群眾路線。

　　本文已太長，現僅舉一例。在教育界，大專院校領導是關鍵，教師、學生和校友（家長）之間更要互相配合，四方面必須加大力度互動，着力打造各路人馬在愛國主義的前提下，增加中華優秀傳統文化在教與學的比重。對大學生在這方面的培養，大學生在發揚中華優秀傳統文化的表現，最能夠牽引全城的目光，帶動市民的情緒。這不是書生之見，有實際操作性。大學校長們（主要是港大和中大）責無旁貸，一定要從速洗刷過去三年因為黑暴動亂造成在大學校園內的思想混亂。

　　文體旅遊局在着力推動中華優秀傳統文化教育的過程中，涉及輿論、媒體和新聞界；還有旅遊、體育和演藝界，以至教育、社福和娛樂界。在互聯網時代，怎樣以新型媒體的應用和溫柔婉轉的手法，建立「一國兩制」在全球範圍內具權威的話語權，講好中國故事和香港的故事？怎樣潛移默化，長期堅持，重新建立香港特區市民對中華傳統優秀文化的自信？任務艱巨。

　　文體旅遊局因為新設，一定要意識到怎樣和其他問責部門建立統籌工作的機制，確保有效地整合各方面的力量，制定長期的文化教育政策，充分利用和調動各方面的資源，共同推動實施。群眾路線要注重發揮社會和家庭的作用，充分利用和調動各方面資源，相互補充協作。「一國兩制」之下，新時代的新青年和新文化建設，應該從文體旅遊局致力弘揚中華優秀傳統文化做起。

2022 年 7 月 1 日，是文化回歸和人心回歸的起點。這個說法並不誇張，符合客觀現實。民間對文體旅遊局工作的具體建議不少，可簡單總結如下：

第一，要集中全港歷史及文化教育學者的智慧，就有關歷史及文化方面作完整論述，提出具體方案，檢視歷史博物館和文化藝術館，考慮成立回歸紀念館。

第二，在這全面檢討的過程中，要統籌制定一個全面的、嶄新的、符合「一國兩制」真髓的文化政策，古為今用，洋為中用，在中華優秀傳統文化和維護國家安全的基礎上，建設具香港特區特色的本地文化。

第三，要協助公務員學院着重培養 18 萬公務員的國家意識，學習中國近代歷史和文化傳統，了解國內日新月異的進展。「公僕黨」作為一個整體，要在服膺中華優秀傳統文化的基礎上與國家的發展大策同向而行。

第四，要強調海洋文化建設，充分發揮香港在南中國海域的優越條件，配合海上絲綢之路的發展宏圖，面向蔚藍，加強和東盟 10 國的合作，延續粵閩兩省擁抱海洋的優良文化傳統。

第五，要推動香港演藝學院在大灣區建立校區，從表演藝術和文化交流兩方面着手，融合到大灣區，加強特區青年人和內地年輕人的交流。香港特區 750 萬人，大部分華裔的祖先都來自大灣區，

應鼓勵港人在重拾中華優秀傳統文化的基礎上到大灣區尋根。

以上種種，需要特區政府文體旅遊局和港人一道堅持不懈，功成雖非一朝一夕，成功有賴長期努力。文體旅遊局要有從零開始的務實心態，不可以停留在空談階段，尋尋覓覓，虛度年光。進一步而言，香港更應加強和東南亞學生之間的交流，鼓勵他們來港留學。在建設東亞文化，優化中華文化和發展漢字圈文化方面，在21世紀新時代的今天，香港特區理論上可以發揮獨特的作用，在國家建設和民族復興的強力引領下，為亞洲新紀元的文化建設添磚加瓦。

立事成功唯遠圖，鮮衣怒馬正少年。麒麟才子出前殿，傲立潮頭自翩然。筆者登高望遠，誠意拳拳，寄希望於新一代香港青年人。

2022-06-28

建議新設的文化局
着重發展及推廣海洋文化

　　新一屆特區政府將成立新的文化體育及旅遊局（簡稱文化局），從民政事務局接管文化、藝術和體育事務，從商務及經濟發展局接管電影、創意產業和旅遊事務。文化局的成立遲來了 25 年，不過「遲到好過冇到」，希望今後文化局有一番作為。其中一項重要方向是着重發展和推廣海洋文化，理由如下：

　　香港依海而建，向海而興，是中國海洋文化的一部分。香港站在國門的邊陲，面向蔚藍，又是全世界金融，貿易及航運中心之一，有條件就中國海洋文化的特質和傳播，在全球海洋發展史的視野之下，發揮其獨特的作用。

　　海洋文化是人類與海洋融合共生的產品。在新時代構建人類命運共同體的背景下，海洋文化的重要性日益凸顯。香港有遼闊的海域面積，漫長而美麗的海岸線，海洋資源得天獨厚。海洋文化豐富多彩，可以為我國大力推進海洋文化建設提供全新的視角，發揚獨特的魅力，打造自身的地方特色。

建設具香港特色的海洋文化品牌，可以助力香港特區以高水平建設高素質和高顏值的現代化國際大都會，同時也能夠以具華南特色的海洋文化為紐帶，增進和海內外通用粵語系統（主要是廣州府的白話）在華僑華人之間的歷史認同感和文化歸屬感。在探究中華海洋文明的發展歷程中，我們理應登高望遠，不但通過摭拾海洋強國的歷史基因可以堅定文化自信和提升文化軟實力，更可以從歷史的角度了解香港從 1840 年到 1997 年之間的歷史傳承，面向未來，懂得回歸後海洋文化發展的正確方向。

香港從被割讓給英國成為帝國主義的殖民統治地，到從帝國主義手中收回恢復行使主權，戰爭中失去，和平地回歸，這個 155 年曲折的過程，離不開發奮圖強，砥礪前行的民族傳承，在特定的歷史條件下，建設了一個面向海洋的國際大都會。1997 年，國家以「一國兩制」的偉大創造，成立香港特別行政區，今後可以進一步在這個有「東方之珠」美譽的彈丸之地，着力構建現代海洋產業體系，打造國家海洋科技創新高地，更可融合到大灣區，和整個廣東省海岸線連在一起，加強海洋生態文明建設，形成大灣區內在國際上從事海洋合作的偉大布局，百尺竿頭，更創輝煌。

香港是世界級的一流港口，是國際金融、貿易和航運中心之一，人才和錢財匯聚，更是一座濱海旅遊名城，將來的主要發展方向之一，就是致力發展為海洋文化的交流中心和區域性海洋科技創

新高地，為全球海洋生態治理作出示範，完全有可能建成一個兼具中國海洋文化和國際海洋文化特色的，以海洋文明為圭臬的中國南方沿海重點城市。以海洋文化搭建平台，以經濟建設強勢引領。香港特區完全可以通過國際合作，積極探索和推動海洋文化的交流融通，大力發展藍色夥伴的國際關係，講好中國海洋故事，凝聚強大精神共識，激盪起建設海洋強國的澎湃動力，成為「東方之珠」的桂冠上加添的一顆璀璨金剛鑽，光芒萬丈，猶如穿越太平洋的一座高聳入雲的燈塔，吸引萬方商旅來客。

香港特區在建設海洋文化名城的過程中，香港的研究型大學就有關海洋生物，海洋發展史，人類學，地質學和考古學等方面的研究，可以在已有的基礎上更進一步。香港大學的太古海洋科學研究所（下設與中國科學院共同建立的海洋生態與環境科學聯合實驗室），吸引全世界有志於從事海洋研究的本科生，研究生及學者專家到來。海洋研究所設在港島石澳鶴咀山的南端，熱衷於行山遠足的中外遊客，可謂無人不識。香港有世界地質公園，位於香港東北部，面積廣達 50 平方公里的美麗汪洋，早在 11 年前已經獲得聯合國教科文組織批准為第七批世界地質公園之一。香港特區這個世界地質公園由西貢火山岩園區和新界東北沉積岩園區組成，包括八個景區。西貢那邊有糧船灣，甕缸群島，果洲群島和橋咀洲四個景區，地質遺蹟有中生代白堊紀六邊形酸性火

山岩柱狀節理。新界東北那邊有東平洲，印洲塘，赤門和赤洲／黃竹角咀景區，以古生代泥盆紀和二疊紀，中生代侏羅紀和白堊紀，以至新生代古近紀的多種地層地貌，古生物，沉積物和多樣化地質構造遺蹟為其特色。吐露港內外的整片蔚藍，多少年來旅人絡繹不絕，到此打卡不停，簡直心曠神怡，樂而忘返。香港新界東北，尤其是大埔沿海區域的吐露港灣，絕對有條件發展成為香港海洋文化和海洋文明的重點區域。香港的郊野公園，海岸公園和濕地公園完全可以立體地互相組合建設起來，關鍵是要有長期規劃，有基礎設施，要完善管理制度，做到規範化開發，期以千百年。

總而言之，珍貴的地質遺產，優美的海島風光，多樣的生態環境，豐富的海洋資源，這四個方面互動結合起來，天工開物，焠煉鑲補，致力天人合一，香港特區完全可以成為渾然天成的海洋地質學、博物館和國際的休閒旅遊基地，甚至發展成為奧運亞運水上運動競技的訓練基地，包括跳水和滑浪風帆。這方面香港有豐富的潛在條件和資源。例如最近特區政府已提出在石澳附近建設國際海洋旅遊休閒基地，現在已到了投標審批階段。這些都是香港特區有條件成為區域海洋文化中心的關鍵因素。

港人一定要親水思源，行久致遠，明白到海洋文化是亞洲世紀的重要方向，面向蔚藍。教育方面可考慮海上學府，休閒方面可考

慮遊艇基地，經濟方面可考慮養殖珍珠，體育方面可考慮水上運動。

21世紀新時代中國對海洋文化的研究，要樹立大歷史觀，承接500年前西方大航海時代的開拓精神，貢獻本世紀海上絲綢之路的建設，為人類的將來提供歷史借鑒並承先拓後，為構建人類和海洋的命運共同體提供歷史啟示。中國的香港在開埠157年歷史發展的過程中，離不開利用地理優勢以發展海洋資源。「一國兩制」之下，有條件讓香港特區推進多學科融合發展，推動中國海洋文化研究的跨學科對話和教育，從而深刻體會中華民族對於開拓海疆以和為貴的思想，中國與鄰邦互動共融的精神和睦鄰友好的風格。以史溯源，以古鑑今，通過海洋文化建設，我們可以不斷增強文化認同，堅定文化自信，傳承中華傳統，弘揚中華文化，深刻闡述海洋文化與人類命運共同體的密切關係，為建設亞洲新紀元行將到來的流金歲月作出貢獻。香港特區在這方面應珍重千萬，不可缺席。

中國的海洋文化源遠流長，博大精深，傳承這個優良傳統十分重要，是新時代加快海洋強國建設的必然要求。走向遠洋深海，了解海洋的自然資源，普及海洋的深邃知識，傳播海洋的包容文化，了解人類和自然物類命運共同體，離不開海陸之間的互動。事實上，包括人類在內的哺乳動物就是從海洋生物登陸而來。中國特色

海洋文化的有效傳播，能夠提升中國在海洋領域的話語權，為國家建設發展貢獻力量，為民族偉大復興添磚加瓦。對於海洋文化的認識與研究，同時具有歷史和現實意義。從 1840 到 1949，西方列強以船堅砲利強行打開中國的大門，中華民族面對昊天橫逆，奮起鬥爭。新中國成立 73 年後的今天，時移勢易，中華民族以恢弘的氣度和豪強的心志，正充滿自信，重拾昔日的輝煌，逐步走向世界舞台的中心。這個過程離不開面向遠洋深海。

　　中國的海岸線長達 18000 公里，早在舊石器時代，中國沿海地區就已有了人類活動的足跡。從公元前 3 世紀到公元 15 世紀，長達 1800 年的歷史時期，中國古代的航海事業和航海技術一直處於世界領先水平。鄭和七次下西洋的壯舉，更是歷史性地開闢了海上航路，傳播了中華物產和中華文明。但古代中國並沒有意圖在全球範圍殖民，而是着重和不同國家進行文化及經濟交流。古代中國在航海事業上不佔領別國一寸土地，不掠奪別國任何財富。鄭和下西洋代表了中華民族發展和平共處睦鄰友好關係的精神，是相互尊重，和平友好，是人類命運共同體的濫觴。它不僅完美地展示了中華民族對外交往的優良傳統，也是人類文明發展進程中一個傑出的典範。新時代的中國海洋文化，正是延續這種逐浪遠洋，普惠天下的思想，和全世界所有國家（不論其有沒有海岸線）一同擁抱海洋上的白雲和藍天。

　　總而言之，香港特區山明水秀，獨具特色，郊野公園林立，海岸風景優美，堪稱全球首屈一指。港人都喜歡行山出海，每逢周末周日，徜徉山水之間，遊蹤到處盡見歡笑的面孔，其樂融融。除了港人熟知的陸上歷史遺跡之外（例如宋皇臺和張保仔洞），在吐露港附近，2006年香港考古有重大發現，舊石器時代晚期的文化遺址就在西貢，簡稱黃地峒遺址。在此之前，香港及其周邊地區從未發現過距今超過6000年的文化遺址，一下子冒出了一個4萬年前的舊石器時代晚期文化遺址。可惜16年過去，一直未受港人注意。究其原因，是因為香港特區一直未有文化局。這個位處嶺南地區在考古學的重大發現，本人去年已有文章提及。環繞吐露港的發展，自大埔工業村這邊，從回歸紀念塔遙望馬鞍山那邊，值得我們在至少五平方公里的地域範圍內進行深度考察，開展田間考古踏勘調查和地質環境研究。從荔枝莊碼頭沿海岸經大白角，白角仔，深涌角，深涌村到榕樹澳，另外由荔枝莊沿山路經蛇石坳，深涌，黃地峒到榕樹澳，再從榕樹澳沿引水道到企嶺下老圍，再沿着海灘邊小路經企嶺下新圍，瓦窰頭，井頭然後到輋下，沿途對該區域海岸和山地的地形地貌，海蝕遺跡，植被現狀，岩石露頭，坡積物及其類型等作較為詳細的調查和觀察勘探之後，可採集岩石樣本，化石標本，文化遺物等，路線長達50公里，規模之大，非一般歷史文化古蹟差可比擬。可見香港特區作為一顆璀璨耀目的「東方之珠」，對於

文化歷史，社會變遷，尋根回歸，與大灣區融合等方面，都需要港人有大視野和大格局，思想上有回歸祖國的時代使命要求，對於文化回歸和人心回歸訂立長遠的海洋文化政策，找出建設海洋文化的最佳切入點，讓香港年輕一代了解到華夏文明綿遠流長，民族淵源血濃於水不可分。

在文化，歷史和思想傳承方面，海洋文明建設和對人類命運共同體的追求，是 750 萬港人連接到 14 億內地同胞的民族紐帶。文化局的設立是朝着正確方向邁出的第一步，相信香港特區必能在過去 25 年「一國兩制」實踐經驗的基礎上，檢討錯誤，查找不足，百尺竿頭，更進一步。

2022-06-06

港人須有對前景論述的共識

「七一」後，香港重現彩虹。但僅有香港國安法，仍然不足。香港應有前景論述，讓年輕人有提升競爭力的志氣，接受時代的挑戰。為重拾昔日的光輝，港人需要有共識，要想清楚，市民對中央政府和特區政府的期望究竟是什麼？

如果我們沒有大局觀念，自己管中窺豹把全局看歪了，不懂得港人自身的優勢和不足究竟在哪兒，那就沒有誰能救得了香港。老一輩的，上了岸的人，無所謂。受害的，被犧牲的，會是今後一兩代本港年輕人，負面影響十分深遠。無限同情，莫謂言之不預；愛莫能助，只能仰天長嘆。

論述前景，不能只有「下一盤棋，落什麼子」的概念，需要有對全局的大環境戰略觀念，明白到香港只是棋子，不是棋手。本世紀科技的進步是顛覆性的，其規模比歐洲工業革命前的大航海時代帶來的突破尤為龐大。全球一體化，就是從那時開始。現在是信息數字化，萬物網際網絡，通過「北斗三號」連結天地人三位一體的

新時代。

　　過去 23 年，香港只略有蹉跎，即已輸掉陣勢，如今很難翻盤。今後的世界趨勢，是科技突飛猛進。「美國優先」意圖遏制全球化的進程、新冠疫情肆虐、軍事衝突不斷、綜合環境惡化、人口長壽老化，對有限資源的競爭和文化宗教意識形態的衝突日益激烈，爆發熱戰的可能性在不覺間已浮現。

　　中國的改革開放帶來 14 億人民當中的絕大部分受惠。香港是細小而開放的、不設防的依賴型經濟體，由於地緣的關係，決定了香港和內地一定要互相依存，友好互動。如果香港營商環境不行，自我放逐，香港本可優而為之的，例如離岸人民幣金融中心、「一帶一路」籌融資服務中心、大灣區綜合高端服務中心等，都會和我們擦身而過。

　　港人要肯定自我的發展大方向，認識和認同內地的總體規劃，明白自身的角色，在開放貿易、金融服務和創新科技等方面綜合平衡發展，重點是國際金融和商業服務。

　　香港不能封閉自己，意識上應重新開放起來，面向祖國和全球。要及時解決土地資源不足的問題，出路在跟大灣區連接。可否參照澳門在橫琴的模式，爭取在大灣區鄰近某地發展？桂山島偏遠，不一定最理想。筆者早在 3 年前已提出，如今「二次回歸」正式開始，更應從長計議。香港人口老化 2047 年將會到頂。解決方

法，一是歡迎內地的移民，而不是排斥；二是爭取去內地發展，而不是抗拒。

香港地狹人稠，人際之間易生衝突，一定要疏散出去。內地移民和港人有相同的文化背景，對香港而言十分幸運。美國的移民來自不同文化背景，導致種族衝突，是恐怖主義生成的根本原因。香港不可以讓勇武「港獨」打砸搶燒，毀壞自己的美好家園，被全球訕笑。我們一定要解答好這個最關鍵的問題——香港往何處去？要說清楚。冷靜客觀理性地看，港人要堅持開放吸納包容，反對狹隘本土主義，建立優質人文素養。

中國崛起，是不可逆轉的趨勢，其基本原因是頑強的民族意志、豐富的人力資源（香港的傳統，不就是發家致富儲財立品的精神？）和龐大的經濟規模（GDP 體量早晚會超越美國成為全球第一），體制優越，政府施政有效率，長期規劃能力超強，政策容易落實堅持。我們應做好自己，限制資本，調控市場，為內地提供一個側面的參考和示範。

香港要恢復它過去紳士淑女的優雅形象，把東西方的好東西都重新顯現在自己身上，綻放珠光。引進社會均富的因素，優化過度壟斷的資本配置，切實改變「不患寡而患不均」的貧富懸殊，有那麼難嗎？如何判斷中國的現狀，十分關鍵。

中國在民族復興的過程中，百年屈辱遺留下來的若干歷史問題

尚未完全解決。在 21 世紀的新時代，我們要超越舊有思維，以創新科技和新基建驅動，落實優化治理，改革改良改造永遠在路上，提出建設性的意見，以人民為念，真正為人民的長期福祉服務。

香港要解決文化回歸和人心回歸的問題，就要聚焦在文明復興和文化崛起，要有國情體驗和歷史學習，強調人類命運共同體的概念；「一國」之下，「兩制」共建並存，互動同贏。港人應該相信國家正在開拓中的未來，應該以做中國人為榮，以正面的態度和積極的取向接受時代的挑戰，承擔改革開放和民族復興的部分責任，不可以在這個大時代迷失掉隊甚至缺席。

我們當然可以對內地的社會變遷提出一得之見，共謀國事，關鍵是立場和態度，不可否認和無視國家現階段的發展，更不可妖魔化內地人和內地。內地深邃的商機和龐大的市場，正為香港下一代提供歷史上從未有過的大顯身手的好機會。一念之差，若南轅北轍，有天壤之別。雖言者諄諄，如聽者藐藐，就實在可惜。

港人應深刻理解大灣區的構思，把本土主義的眼界開拓到廣東省各地，包括肇慶、江門、廣州、佛山、中山、東莞、惠州、珠海、深圳和澳門特區。我們祖輩大都來自廣東，我們的根就在大灣區，它才是我們的本土。

在大灣區內，首先是港深珠澳，要能夠真正做到人力、財力、物力、資訊的互動交流，首期目標是要趕上美國硅谷（硅谷僅約

四百萬人口／四千平方公里／人均 GDP 全球第三）。要扭轉香港
抗拒與內地融合的思潮，要弘揚理性的愛國主義和地球主義，反對
盲從的反共心態，不可把民主行為和選票政治混為一談，更不可把
自由絕對化到侵犯他人自由的程度。

中國一下子發展得這麼快，令全世界瞠目結舌。國際舞台正不
斷地洗牌角力，環球局面正快速地變化消長，香港人局處海邊一
隅，不易適應，絕對不奇怪。只有在國家強盛的環境下，香港才會
有安居樂業的「小確幸」（微小但確實的幸福）。

國際上兩極分化，一邊是激進的國家主義抬頭，另一邊信奉極
端的泛自由主義，兩者皆不可取。只有互聯互通、雙贏共融的國
際化才是根本的思維和正面的視野。我們應該開啟對前途有信心、
對人民有信任、對理性有信賴的論述，真誠服務市民，爭取市民
認可。

回顧歷史，自秦朝到晚清，郡縣制度之下，香港地區最早是南
海郡的一部分；在南海郡下，先後屬於番禺縣、博羅縣、寶安縣、
東莞縣和新安縣範圍。明萬曆元年（1573）新安縣成立，歸廣州府
管轄。取名新安，是「革故鼎新，去危為安」的意思。

本人最近閱讀清嘉慶 24 年（1819 年）編修的《新安縣志》，
了解到明清時期的新安縣，一半的土地屬於今日香港特別行政區的
範圍，另一半則屬於深圳經濟特區的範圍。這本在 200 年前編修的

縣志，是最接近香港現代史的資料，與香港開埠早期的歷史並列對照，令人耳目一新。全書共有 24 卷，約 15 萬字，是香港和深圳兩地最直接有關的地方志，其中包含大量港深兩地古代史的材料，可以從中探索兩地互動的歷史，也說明了兩地同源一脈，在族群及文化上，建縣 440 多年來一體共生的事實。

1840 年英國佔據香港島，1858 年霸佔尖沙咀。1842 年清朝割讓香港島，1860 年清朝割讓九龍，1898 年再將界限街以北至深圳河地區及 235 個島嶼租借給英國，為期 99 年。名為「租借」，英國 99 年來從未向中國政府或當地民眾支付租金。

深圳於 1980 年確定為經濟特區。經過 40 年的發展，成為聞名於世的新興都市，常住人口達 1000 萬以上。港深兩地攜手，儼然可以媲美全球耀目的國際大都會，大灣區的經濟總量合計，已超越韓國甚至世界上許多中小國家的經濟總量。原來的新安縣，180 年來，通過 7 至 9 代人的勤奮勞動，滄海桑田，歷經東西方之間的抗衡整合，在戰爭與和平的風雲變幻中浴火而生，璀璨輝煌。港深地區的成就，來之不易，理宜珍惜。

古語有云：國無史無以明治亂，縣無志無以明興革，族無譜無以明輩序。我來自南海縣九江鄉關氏世美堂族群一脈，上溯山西運城，750 年前（宋咸淳 6 年）避亂輾轉南遷。家祖父和家父來香港發展，我生在香港。我就是百分百的本土派。本土派一定要懂得歷

史，要熟識歷史。香港是一個多元城市和國際都市，是二元結構型的社會，兩極差異只有階層，沒有階級。中下階層向上流動，基層年輕人要能夠看到前途和希望，根本出路在經濟的成長和發展。這是所謂「硬道理」。現在是時候全盤總結香港過去 23 年的止反經驗，重新定位，對前景有正確論述，達成共識以重拾信心。

港人千萬要避免誤墮溫水煮蛙的絕境，事事自以為「行之有效」而不謀改變，那就神仙難救。無可否認，由於歷史原因，香港特區長期存在有些人對內地的誤解和偏見，甚至傲慢和敵視，部分官商領導層高高在上，不思進取，豐薪厚祿避實事，離地懶政不作為，令被遺忘了的相當一部分低下階層的港人寒心。2020 年「七一」之後，香港國安法實施是分水嶺。如何因應香港事態的發展，不停頓地在文化回歸和人心回歸兩方面作出政策調整？以後再說，本文暫不討論。

「一國兩制」是長期不變的大政方針。長期的形勢，是「兩制」互動趨同，內地過去 40 年來已逐步吸納不少資本運作和市場機制的元素以優化其社會主義制度，取長纓以補短板，具有中國自己的特色，成效有目共睹。港人如果再不清醒地看到危與機分別在何處，好好一顆「東方明珠」會慢慢黯然失色，好好一座國際名城會漸漸傾頹。

回頭再說這部 1819 年編修的《新安縣志》。它是香港著名作

家葉靈鳳先生收藏的刊刻本。筆者當年就讀皇仁書院，由於嗜好文學，有幸認識羅孚先生。羅先生他事情忙，囑葉中敏小姐與筆者暇時聯繫，而她正是靈鳳先生的千金。傳聞曾有港英官方背景的機構欲以重金收購藏本，而靈鳳先生不為所動，遺囑後人將之捐贈祖國，如今正本藏於廣東省立中山圖書館內。2007年，羅先生於香港回歸祖國10周年，託請孫立川先生校補印行。又十年，2017年，孫先生重又校補一次，由中華書局出版。

　　國學大師饒宗頤先生十分重視整理重印這本《新安縣志》，親為題字，真是不可多得。希望香港的年輕一代，特別是號稱本土派的朋友們，多了解香港的過去，然後必可更了解香港的現在，從而較好地企劃香港的將來。期望處於祖國邊陲的香港，引進颯颯西風，砥礪磋磨，效力中原，為中華民族再造輝煌的漢疆唐土。我們的立足點，應放在認同中原文化紐帶的傳承上，這樣才能夠真正為「一國」興盛和「兩制」互動做貢獻。正是：

瀚海飄流燕，乍歸來，依依難認，舊家庭院。

唯有年時芳儔在，一例差池雙剪。

遊子故里訴離愁，故巢說與人留戀。

港人放逐多少年，正宜洗心革新面。

2020-07-04

通識科應加入國家安全和人文教養的元素

　　本人保留有家譜，來自家父，當年不識其重要性，如今深察費煞思量。若然心中無族譜，無父無母無祖宗。家譜記錄家族歷史和檔案，家譜對於家庭的作用，不亞於國史對於國家。一個國家沒有歷史，就沒有了過去。它的發展歷程和往復興替，就變成曇花一現，消失在歷史的波濤裏，不會給後世留下記憶。國家有了歷史，才會有榮辱觀，才會有使命感，才會激勵後繼的人民不斷總結，追求進步，持續優化，創造輝煌，讓文明延綿不絕。中國幾千年的文化積澱，是貴重深植的養料，厚積薄發，循環向上，成為一種規律，一個方向，繼往開來，也就成為必然。

　　從家訓到族譜，從縣志到國史，就是血脈的延續，就是國家的使命。為人子，要有門庭教養；為人民，要有國家意識。有民族觀念和國家意識之人，才會善待家譜族譜，尊重歷史，心懷家國，成為有譜和靠譜之人。

　　因此，通識科要全面整頓，加入人文教養和國家安全的元素。

教養教育，翻譯自英語的博雅教育，是「自由意志不為奴」的意思。中文通常翻譯為通識教育的話，會有傾向把基本的人文價值觀和對個人修心養性的要求漏掉。我們在學校要推行的，與其說是通識教育，不如說是教養教育，博雅教育，或環球視野教育；這絕對不只是更換一個名稱的問題。通識和博雅都只是教養的一部分，是一個概念。教養是樹德立人，融會通識和博雅，即博文約禮的概念。環球視野，是要追求樹立冷靜客觀的大歷史目光和跨地域的眼界，這樣才能掌握全局，博古通今，建立銳角思辨，不會被反對勢力和別有用心的宣傳欺騙，走向極端，數典忘祖，做人家的馬前卒。

銳角思辨不是所謂「批判思考」，不是擴大到凡事都要批評一番以爭辯為時尚的地步，製造立場對立和對抗。如果偷換概念，理解錯誤，那就差之毫釐，謬以千里。對抗和對立，無助互利共贏。只有釋出善意，才會有建立互信的基礎，然後誠懇對話，才會有建設性的合作，促進改革，不斷進步。

對下一代，循循善誘，春風化雨，軟的一手之外，還需要硬的一手，嚴加督導，循規蹈矩。對下一代，要讓他們有機會創造更有價值的未來。從小對他們引導得當的話，不打不罵不威脅，用好習慣教孩子，定能為他們打好穩健根基。孩子的習慣養成，就像是走路一樣，如果選擇了一條正路，以後就會沿着正路一直走下去，開

創一條卓越的成才之路。教養或博雅，即博文約禮。簡言之，就是從養成好習慣開始，培育善良正直的性格。這些好習慣包括：情緒、聆聽、表達、積極、勇敢、毅力、自律、負責任、珍惜、謙讓、信任、關愛、包容、誠實、團隊合作、承諾、尊重、求知、感恩、付出。每一個好習慣，都是寶藏，如果學會了，就是有教養的博雅之人，通識才有堅實的基礎。

通識科作為一個名稱，不幸已被標籤化，建議教育局應及時深刻檢討整頓。本人在日本留學多年，親炙東京大學的教養課程，深受啟發和感染，至今不忘。東京大學的教養科，有所謂自由七藝，是一種讓人自主掌握命運，成為自由之人的素養。七藝是邏輯、語法、修辭、音樂、天文、算數、幾何。目標是讓受教育者在任何狀況下，都能具備自主思考並創造性解決問題的能力。我把它歸納起來，就是貫通文理，本末兼思，博約相輔，探求真知，最終的目的，是正確引導求知者知識與素養的綜合回歸。梅貽琦做清華大學校長，前後共 17 年。他就是「通才教育」最有力的倡導者，而以德育（即教養和博雅）為基礎。他主張「知情志」三位一體，而以志氣志向為本，志在家國，志在民族，志在人類文明。這就要求教育者「人齊五德」，仁義禮智信，溫良恭儉讓，也就包含了「和平、理性、非暴力」。香港教育界流行 STEM（科學、技術、工程、數學），但忘記了 HELP（歷史、倫理、文學、哲學），那就變成

「HELPLESS」，沒有人文和德育，沒有了教養和博雅，理工科也就迷失了方向，沒救。我們今天需要的不單是科技，而是創新要與科技結合。創新需要文理思維的交織，就要有西方文藝復興時代的博雅教育和東方詩禮傳統的品德教育。這是我的經濟學啟蒙老師、前嶺南大學校長陳坤耀教授一貫堅持的治學理念。為了實現具有開闊視野，兼具高水平專業知識，有理解力，洞察力，行動力和想像力，且擁有國際性和開拓者精神的各領域的指導人格育成的教育目標，教育界要堅守教養科，堅持向全部學生實施品德教育，塑造各行業的領軍人物。教養科有兩層意思。一是通過學問，知識和精神修養獲得的創造性的活力，心靈的充實，對事物的理解能力及作為其手段的學問，藝術和文／史／哲／宗的精神活動，二是在經營社會生活方面必要的與文化相關的淵博的知識。

隨着時代的變遷，無論在形式上，內容上，還是精神上，21世紀的今天，環球形勢已發生巨大的變革，但國家觀念和民族意識是唯一恆久不變的安身立命的主軸，我們一定要以學術性，國民性，國際性和先進性為目標，堅守教養教育，同時順應時代的需求不斷改革和創新。小學和初中程度的歷史教育，應該先打好史實基礎。對歷史事件的動機和影響，以及其它「合理範圍」內的詮釋，在基礎打好的前提下可以討論，而「合理範圍」是與價值觀掛鈎的，在大學以上才有分析能力。

　　香港背負沉重的殖民地包袱，遺留下來一個沒有清晰價值觀的教育系統。在「出版自由，言論自由，表達自由和學術自由」的思想指導下，不少錯誤觀念被刻意誤導，屬於垃圾思維，對社會影響而言，更可以是癌細胞。香港是一個「價值觀念多元化」的典型，搖擺在東西方文化激盪的漩渦中，有嚴重的身份認同問題。由殖民統治時期養成的自卑感可以轉化為傲慢與偏見，造成戀殖的情意結，既盲目崇外，又對西方的操作一知半解，誤以為一切包容放任不干預即自由主義，誤以為民粹式的普選就是民主實踐。於是，隨意地編造歷史也就有了理論依據。亂講鴉片戰爭和抗日戰爭的鬧劇，同類事情假如發生在歐美，政府幾天內就會把涉事的教師辭退解僱。

　　通識科的改革，只是教育整頓的一小部分。如何重建愛國學校隊伍，十分關鍵。建議對教師進行人文教養和國家意識的培訓，包括組織到內地學習，實習和交流，重點在文藝和歷史，道德和哲學，就是 HELP——我們要幫助教師隊伍轉回到正道上來。春風化雨，諄諄教誨，從教師做起。桃李不言，下自成蹊。正是：

百鍊鋼成繞指柔，春風桃李兩綢繆。

深信唐疆與漢土，不廢江河萬古流。

2020-07-08

第三章

祖國篇

國家利益是普世價值
民族主義並未過時

由於社交媒體的興起及平台經濟的流行，人們每天花在瀏覽手機訊息的時間越來越多。眾聲喧騰，政治、經濟、軍事形勢和社會議題，各方面的評論節目大受關注。各種論述南轅北轍，政治光譜涵蓋廣闊。近年國內的論政節目十分發達，分析深刻，抖音和快手等自媒體上的直播節目有不少國際議題，對背景研究，量化分析，追索歷史，羅列數據，從文化到歷史，從政治到軍事，湧現不同種類的高水平教室，發揮言論自由的空間，讓民眾收穫即時的飽滿的訊息。各類意見領袖（KOL）人才輩出，精彩畢呈。

由於互聯網無遠弗屆，輿論在網絡上放言高議，好處是大大提升了民眾對公共事務和國際局勢的認知水平，形成一個嶄新的氣場，讓關注世界大事成為民眾日常追求信息的慣性。由於俄烏衝突不斷引出國際紛爭，話題新鮮多樣，政治評論現正掀起一股關注國際時事的浪潮。自媒體（包括文字和視頻）因為擁有較多話題，版圖不斷擴大，不再仰仗傳統的廣告收入。因為直接面對

大量讀者和觀眾，接受打賞和訂閱，擺脫了固定的電視電台頻道的限制，可以隨時隨地直播，直接與受眾在移動中互動。成功的KOL脫穎而出，可以獲得豐厚的收入，新的產業由是出現。有名氣的KOL可以設立純屬訂閱的頻道，粉絲只要每月支付訂閱費，就可以接收更多獨家的詳細內容，直播期間更可以和講者即時互動。這個嶄新的商業模式開拓了言論氛圍，民眾不再被兩極對立的言論限制，有更多選擇。近年在華人社區，包括兩岸及港澳地區，束盟十國和僑居海外例如美英加等地的資訊內容，水平越來越高。有不少知名政論家通過視頻或文字滔滔不絕，吸引了億萬華人受眾觀看閱讀，形成日常慣性。這個趨勢方興未艾，象徵全球華人的心靈契合趨同，政治覺悟急速提升，同頻共振，互動共鳴，朋友圈互相覆蓋。在這過程中，最重要的意識塑造，是明白到國家利益是普世價值，民族主義更歷久彌新，對新時代的祖國建設和民族復興有愈發深刻的認識。

　　筆者認為，堅持民族立場和國家觀點，懂得從利益衝突的角度分析問題，是香港過去三年取得的最有價值的教訓。其重要意義是明白到港人自己作為中國人的身份，重拾國家意識和民族認同。如果不認同自己的國家和民族，那就迷失方向，自己看不見自己，因為沒有視覺和眼界的距離。處於叢林之中而不知身在何方，一定暈頭轉向，成為被獵殺的對象。

近期因為俄烏衝突，全世界動盪不寧，出現對生命危機和末日危機的憂慮。現時只有一個明確的指向，就是人類自製的危機（環境破壞和熱核戰爭）超越地球自身的危機，而這是由於種族衝突和資源爭奪所引起。人類往往為短視所蒙蔽，強權霸凌主義的狹隘思維牢不可破。說到底，離不開國家民族之間適者生存、優勝劣敗、物競天擇、自然淘汰的法則。種族、教派、意識和信仰之間的衝突，存在着無休止的爭吵，膚色的差異和文化的烙印是國家民族的基因。不懂得這個帶根本性的國際法則，不是幼稚，就是無知。

當今世界，國際間處在多元發展的激烈競爭中，在政治、經濟、科技、貿易、軍事和太空六大方面，因為資源短缺而互相爭奪，狩獵民族和農耕民族之間的鬥爭水火不相容。說到底，離不開國家民族的對立，當前全世界最重要的普世價值還是離不開民族主義和國家利益，離不開安全和發展利益。為了能源，為了糧食，國家之間比拚的是軍事武備、危機管理和災難處置的能力。古往今來，人類歷史始終是一個弱肉強食、優勝劣敗、你死我活的世界，個人離不開國籍、種族和膚色的標籤。

近年香港有呼聲認為要推行國家安全教育，要建立回歸紀念館，要做到文化回歸和人心回歸，其要旨百變不離其宗，都是為了要能夠奪回對歷史詮釋的話語權，明確國家民族立場。歷史觀決定

一切，因此要重新檢視歷史材料和整理歷史論述，做好國民教育。目的就是要彰顯及明確國家民族立場，從年輕人做起。三年前黑暴動亂的教訓深刻，原因就在於缺乏這方面的清晰觀念。因為忘記，導致背叛。一些人對於國家原則和民族大義混淆不清，嚴重者甚至糊塗透頂。

遠的不說，從近代歷史可以看到中國抗日戰爭期間的愛國主義精神，怎樣團結一致，抵禦外侮，奮勇抗爭。日本軍國主義者不單止掠奪資源，本質是種族滅絕。全民奮起抵抗日本侵略雖是主流，但仍有部分選擇屈辱妥協、賣國投降的漢奸叛徒，其典型就是國民黨內第二號人物汪精衛。汪精衛甘願充當日本侵略者的傀儡，奴顏婢膝，對自己的國家和民族完全失去信心，主張投降媚敵，最終被日本軍國主義者玩弄於股掌之上。汪偽政權上了賊船後身不由己，根本沒有辦法討價還價，只能忍辱偷生，甘願在日本皇軍的屠刀之下苟延殘喘。日本侵略者企圖把中國變成殖民地，完全是血腥征服，不單止掠奪資源，兼且採取種族滅絕政策，蔑稱中國人是「兩腳羊」、「支那人」，要趕盡殺絕。

中國歷經 14 年艱苦抗日戰爭，死傷三千多萬人，終於慘勝。在這過程中，以汪精衛為代表的投降派漢奸叛國集團最終被釘在歷史的恥辱柱上。回顧 1940 年 3 月，汪精衛在侵華日軍的支持下在南京成立偽政府，當年通過媒體大肆宣傳賣國思想，對日佔區的青

少年進行奴化思想教育，培養了數十萬偽軍阻撓抗日革命的有生力量。抗日戰爭期間，這一大批偽軍雖然戰鬥力低下，畢竟實現了日軍以華制華、讓中國人打中國人的構想，因而拖慢了敵前敵後抗日的步伐。

1944 年，汪精衛因舊病復發被運到日本名古屋接受手術治療。當時日本戰敗只是時間問題，汪精衛對於日本皇軍的利用價值已經基本消失。他由於脊椎病變引發一系列感染，最終在名古屋醫院接受手術治療後反而加速了他的死亡。汪精衛的賣國行徑是為虎作倀，戕害無數革命志士，對國家和人民造成嚴重傷害。他喪失道德底線，為了一己私慾損害國家利益，在大是大非面前犯下錯誤，背叛祖國和同胞，被歷史和人民唾棄，只留得千載罵名。

自從 1840 年以來，列強覬覦中國的豐富資源妄圖瓜分中國。美英等西方國家主要是利益爭奪，日本極端右翼分子卻視中華民族為其世仇，妄圖滅絕中華民族，要亡我中華，滅我國家。汪精衛在他的遺書上寫道：「如今世途險惡，日方將敗。凡我同志，務須與日本友人逆水行舟，和衷共濟。」他臨到死前一刻，仍然是一個不折不扣的亡國奴，毫無懺悔之意。

當國際形勢發展到敵我雙方在戰場上兵戈相見，矛盾尖銳沒法調和的時候，我們會發現國家民族才是最根本的安身立命之道。只有國家安全，才能夠保障國人自身的生命財產安全和建設發展利

益。我們今天有和平團結，繁榮富強，蒸蒸日上的大好形勢，有多少同胞為我們默默地保衛國土，負重前行？如果我們對這個大是大非問題一無了解，對國家的庇蔭一無所感，那就十分愚昧，相當可悲。

　　寄語香港年青人要有正確的民族立場，要站在捍衛國家主權、安全和發展利益的大前題下明辨是非，才有真正的出路。如果離開了中國的國籍和香港特區永久居民的資格，也就失去了國家的保護和引領，我們什麼都不是。

2022-10-07

中國和東盟十國的關係
塑造 21 世紀亞洲新紀元

21 世紀是亞洲新時代，中國和東盟十國之間的關係是核心。歷史上中國與大多數東南亞國家都沒有發生過軍事衝突。歷史上中國封建王朝和鄰近藩屬統治階層是朝貢從屬的關係，基本上是和平共處。中國封建朝廷在地方豪強勢力和當地民眾之間矛盾激化時，出兵協助平亂以恢復秩序，往往是應當地之需求。戰爭只屬短暫，相對於和平時期可謂微不足道。在某一程度上反映了在中原文化向外傳播進程中，地方種族、氏族和貴族的當地傳統文化和中原文化之間的撞擊和衝突，沒有素質優劣之分別，只有發展階段的差異。由於文化風俗和行為習慣不同，中國和東南亞鄰近國家交惡只是短暫一瞬，僅是歷史發展的小漩渦。中國和東南亞周邊國家和平友好的交往是中國的亞洲關係的主流。經濟和文化交流的基本途徑是雙向互動，從來不以戰爭手段解決紛爭問題。筆者認為，在這方面我們需要有清醒的理性認識。中華民族是熱愛和平的民族。

中華文化的傳統基因是睦鄰交往、互通有無，以陸上絲綢之路

和海上絲綢之路為典型。「一帶一路」倡議，實在是傳承中國幾千年來睦鄰興邦、和平發展歷史性安排的現代翻版。

中國和東盟十國的關係，以 15 世紀初的鄭和七下西洋為起點，從中就可以見到其和平友好的睦鄰本質。鄭和的航行並不是軍事行動，而是極大地促進了中國與東南亞國家之間的文化交流和貿易往來，掀起了中國與東南亞文化交流的高潮。鄭和船隊遠航到東南亞各國，把中國的工藝製品、生產技術和文化影響帶到南洋和西洋，推動了東南亞國家地區經濟文化的發展，隨後互派使節，經貿交易，互贈禮品書籍，促進文學藝術交流，互相移民，派遣學生和僧侶互訪。所謂朝貢貿易，是中國與東南亞國家之間官方經貿交易的一種形式和封建舊式用語。中國基本上是以平等看待別國，並非居高臨下。文化發展有先後之分，並無優劣之別。在經濟活動開發、人民相互遷徙、文明互動傳播等方面，在 21 世紀新紀元、新時代新征程，應該從這個角度去正確界定中國和東盟十國之間的關係：**「在互相尊重主權、互動發展、合作多贏、和平共處、平等互利的基礎上，外交關係以和平共處五項原則為依據，發展新型的國際關係。」**在筆者的認知之中，這是 21 世紀國際關係應有的原則和基石，有別於自以為是、唯我獨尊、居高臨下、霸凌欺壓、武力脅迫及「順我者昌、逆我者亡」的殖民帝國主義的落伍思維。

在中國和東盟十國關係之中，中越之間的關係特別敏感。中共

二十大剛過，越南黨政代表團突然訪華，有其深刻原因。新冠疫情爆發以來，西方反華媒體刻意營造這樣一種印象，渲染越南製造業快將取代中國，並正實現經濟的快速騰飛，這是捧殺越南的表現。其實越南內部問題不少。據報道，上月初越南的西貢商業銀行（國內第五大銀行）遭到擠提，直接原因是越南有大型地產公司董事長被捕，導致該公司發行的債券違約，本利無法兌付。債市危機的連漪效應導致越南房地產開始崩盤，影響到越南盾持續下跌，見近四年以來的新低。越南股市一個月內暴跌接近 30%，今年以來累計已下跌接近 50%，股市債市匯市樓市同時下跌，陷入經濟困境，情況和 1997 年 7 月爆發的亞洲金融風暴（那次是從泰國開始）相似。

過去一段時期，越南財政部加快出售國有企業股權，但效果不佳。外資開始做空套現，謀利出逃。國內既得利益集團忙着轉移資金到境外。政府掌控的國有資產暴跌，甚難找到接盤。經濟下行，政府稅收減少，唯有增發貨幣，導致通貨膨脹，本幣貶值，失業高企，民心不穩，「顏色革命」症候群已隱然出現。

越南的黨政領導不蠢。如今環視全球，對越南來說唯一能夠挽救其局面的，只有中國。上月 30 日，越南黨和國家高級代表團訪問中國，據有關分析，除了大量一貫親中的北方系之外，還有不少一貫反華的南方系。這次越南派出了幾乎所有高官來華，成果豐

碩。在柬埔寨首都金邊舉行東盟系列會議之前，越南率先出訪中國，顯示其外交關係「先中後美」的明確立場。位於地緣政治中心的東盟十國力求在中美兩個大國之間尋求平衡。越南的表態，說明其國內政經局勢已到危機的臨界點。越南或有意緩和其在印度支那以至東南亞地區謀取霸權的國策，以換取中國的經濟援助。估計中國將答應協助修建通往越南的鐵路及其配套基建項目，從而提振越南經濟，提供就業機會。金融安排方面，越南同意其貿易往來及投資項目以人民幣結算，接受人民幣為其外匯儲備貨幣，藉此清償其部分國際債務。中越之間進行本幣互換，其效果是將越南盾（無法進行國際流通）兌換成人民幣（因有國際需求所以是硬通貨），這樣就能夠緩解越南外匯儲備嚴重不足的危機（越南外匯儲備已經減至僅剩 900 多億美元）。中越本幣互換有助越南充實其外匯儲備，穩定本幣市值，有助遏止資金外流，逐步鼓勵資金回流，穩住經濟，進而穩住政權。

　　越南經濟從盛到衰的轉折點發生在 2021 年 3 月。在此之前，越南仿效中國的「動態清零」抗疫政策。當時越南百萬人確診不足 26 例（歐美國家每百萬人確診 1.5 萬例，是越南的 600 倍）。當時大量訂單湧入越南，越南儼然成為全球的防疫模範。2021 年 4 月，越南誤判疫情形勢，全面放開躺平。自此噩夢開始，疫情全面反彈。到今天為止，20 個月下來，越南已經確診 1150 萬人，累計

死亡 4.3 萬人。越南為了保證加工出口，躺平後不再提防，於是工廠逐漸出現集體交叉及反覆感染，全國先後共有大約 130 萬產業工人恐慌性出逃，不僅導致交貨違約，訂單減少、企業倒閉，出逃者更將新冠病毒從城市帶入農村，大量陽性患者因缺醫少藥，更難控制疫情蔓延。隨着新冠病毒在全國大面積擴散導致病患增加，醫療系統的人力及財力資源都全線崩潰。

總而言之，新冠疫情在發達國家或可躺平，在發展中國家絕對不能這樣做。越南就是典型的例子。它導致外資從越南大量轉移撤出，外匯儲備下降，本幣匯率暴跌，就業狀況惡化，經濟下行放緩，波及政權不穩。股市債市匯市樓市萎縮暴跌，只是其表面現象，在地緣政治和大國博弈的宏觀環境下，有其深層次的內因，以後有機會再詳細解說。

中越走近，或者更明確地說，越南不得不有求於中國，其實有跡象可尋，有清晰的底層原因。11 月 15 日至 16 日，G20 峰會將在印尼峇里島（巴厘島）召開，行將見到國際形勢掀開新的一頁。21 世紀是亞洲的新世紀，此言非虛，值得我們密切關注，研判國際和國內外的形勢將怎樣影響香港特區今後的發展走向。如無遠慮，近憂必至。寄語港人，此言非虛。

2022-11-13

中華民族的宣統：
宣誓統一，負重前行

最近網上有流傳新年賀辭：工作順治，生活康熙，體魄雍正，事業乾隆，萬民嘉慶，前途道光，財富咸豐，內外同治，千秋光緒，民族宣統。這是清朝皇帝的年號，每有新的皇帝登基，開紀改元。港人凡是對歷史有體會的，大都認同長遠見解就在「民族宣統」這最後一句。

中華的民族復興，以宣示領土恢復完整為象徵，所以統一台灣是國家的核心利益中的核心。要以能夠破除被美國用島鏈圍堵，和捍衛九段線內的海疆為目標。估計當前要做的，是毫不含糊地向全世界顯示這個關鍵性的國家意志和民族決心。要劃出紅線，讓美國及台灣民進黨等敵對勢力放棄「台獨」圖謀。估計中國會於適當時候，通過外交途徑，例如向聯合國提出照會：中國對本國固有的神聖領土，宣統消獨致和平。台灣問題，如不得不用武，純屬內戰範疇，外國人不得干涉。甲午戰爭及隨後的 14 年抗日戰爭，國恥必須一雪，舊賬必須清算。

最近美國當局有意識地發布匿名的所謂「更長電報」，是拜登上台後的宣言書，其目的，百變不離其宗，和13年前重返亞太以遏制中國和平崛起的戰略目標一脈相承，今次說得更清楚明確。

「更長電報」說出三點：一是美國核心利益的描述，二是美國保護自己核心利益的工具，三是美國為中國設置的紅線。

報告這樣描述美國的核心利益：

1) 在常規軍事打擊力量方面對中國保持絕對優勢，絕不允許中國在戰略核武器均衡方面有任何優勢；

2) 防止中國的領土擴張，特別是武統台灣；

3) 鞏固和擴大美國的盟國和友邦體系；

4) 與盟國一道保持經濟和技術的優勢；

5) 維護美元的世界地位，捍衛（必要時予以改革）以美元主導的規則為基礎的自由的國際秩序和包括民主價值在內的意識形態基礎；

6) 防止對人類構成巨大威脅的氣候變化。

談到保衛美國核心利益的工具時，「更長電報」認為，美國的實力建立在四個柱石之上：軍事威力；作為全球儲備貨幣和國際金融體系支柱的美元；全球持續的技術領導力；以個人自由、公正和法治為核心的普世價值。

報告對中國設置的紅線是：

1）任何對美國及其盟國使用核武器、生化武器的攻擊，包括縱容朝鮮採取這樣的攻擊；

2）任何對台灣及其周邊島嶼的攻擊，包括對台灣的經濟封鎖及對台灣公共設施和機構的網絡攻擊；

3）任何對日本捍衛自己的領土完整（包括釣魚島和在東海的專屬經濟區）的武裝部隊的攻擊；

4）任何在南海的主要敵對行動，包括繼續造島和對人造島的軍事化和對美國及其盟國海軍自由航行巡邏的干擾；

5）任何對美國條約盟國（暗指日本）的領土主權和軍事設施的攻擊。

以上對美國核心利益的描述十分詳細，港人關心國際形勢，毫不新鮮，耳熟能詳。這是一部實質上的宣戰預告。回顧過去 500 年的環球盛衰興替，從西班牙、荷蘭、法國、英國、意大利、德國、日本、前蘇聯，到 76 年前開始雄霸世界的美國，在戰爭與反戰之間，樹欲靜而風不息，不以酷愛和平的人們的主觀意志而轉移，只能立足於自身的綜合實力，才有機會爭取止戈為武。

美國宣示的核心利益，不是任何一個正常的主權國家的核心利益，而是單邊主義、全球金融軍事帝國霸權、以壓服奴役及剝削別國為前提的利己主義的所謂「核心利益」。當各國在維護自己的核

心利益時，一旦與美國發生不和，美國不允許通過協商或談判去解決。因為美國只允許自己捍衛本國的利益，同時堅持以軍事手段解決，那是赤裸裸的武力征服。

「更長電報」毫不掩飾：美國只允許自己捍衛本國核心利益，不允許他國有同樣的核心利益，更不允許他國去保護自己的核心利益。那就是「霸凌主義」，「長臂管轄」，「極限施壓」，「制裁欺侮」，「只許州官放火，不准百姓點燈」。

報告提到美國賴以維護自己超級大國地位的「四大法寶」，對港人而言，也是老生常談。各國的實力此消彼長，為了保證國際秩序的穩定、公正、平等和能夠持續發展，不允許任何一國為了維護自己的優越地位而拒絕對任何國際機構實施必要的改革，更不可以對其他國家創新性的思維（例如「一帶一路」等）指手畫腳。

「更長電報」對中國設置五條紅線，造謠中國是全球最具侵略性的國家。其實，中國除了根據《反分裂國家法》確定可能採取武力以避免台灣走向「獨立」之外，中國從來不會對任何國家胡亂設置「紅線」。但中國的確有一條紅線，那就是主權獨立和領土完整。台灣是中國的一部分。以前，美國在與中國簽署的三個聯合公報中認同中國的立場。如今美國已食言，所謂承認一個中國，只是一句空話，而中國亦已深知。港人居安思危，在考慮如何敦促特區政府

推行六大改革的同時，對南海和台海大局的演變，還需冷靜理性知道，才不至犯迷糊而不自知。

2021-02-16

2035年從大陸坐動車
到台北不是夢

昨天，「台獨」分子賴清德在台北會見美國跨黨派資深代表團時，表示希望台灣未來加入四方安全對話，同時期望訪團能夠協助簽訂台美貿易協定，協助台灣加入 CPTPP（全面與進步跨太平洋夥伴關係協定）。「台獨」集團欲常態化和美國的官方往來，意圖十分明顯。拜登政府派團竄訪台灣，又一次踐踏一個中國的底線。在俄烏衝突越發擴大、走向失控的情況下，美國不忘在東線挑釁，製造台灣海峽動盪。好戰者唯恐天下不亂。北京怎樣應對？形勢如何解讀？看來還是這兩句：風物長宜放眼量，我自巍然不輕動。且從經濟角度稍作分析。

最近，本人關注內地的新能源產業。電動車市場將會是未來全球大趨勢。電動車包括自行車和自動車兩種，港人一般稱為電單車和汽車。根據有關電動車產業的預期，到 2050 年，所有燒油燒氣的汽車將全部消失。中國將成為全球最大的電動車生產及消費市場。全球單車和汽車業現已進入轉型期，這趨勢不可逆轉。

先說電動單車，以蓄電池作為輔助能源，在普通單車的基礎上安裝電機控制器、蓄電池、轉把閘等操縱部件，配合顯示儀表系統，將成為機電一體化的簡便個人交通工具。市內交通最後幾公里，通過手機程式繳費，隨時共享電動單車，成為一種普遍共享的公共交通工具。

電動車的廣泛使用，更具深遠影響，勢將令城市環境保護，空氣清新化，廢氣零排放，抑制城市高溫化等一系列問題，都得到解決。中國的電動車產業發展，在力矩傳感器技術和集成電路控制器技術兩方面的應用，現在已處於世界領先地位，可以把集成電子和數碼技術廣泛應用在控制器，電機閥控和充電控制等部件上。智能型電動車，將會是未來發展的制高點。

內地對電動單車和智能電動車的需求增幅，以一日千里來形容，毫不誇張。

今年內地電動單車保有量將高達四億台，而且正以高速度向國外輸出，今年輸出估計會高達六千萬台，平均零售價只約三千元人民幣，可謂價廉物美。在內外雙循環的經濟發展策略之下，全球對中國製造的電動單車需求將快速增加。國產電動單車的亮點，以電機電池作為輔助動力，搭載智能傳感器系統，根據騎行者腳踏力的大小給予動力輔助，實現人力騎行和電機助力一體化，而且設計趨向於多元化和個性化，走向中高端和高質量，生產工藝亦趨向自動

化和綠色化。

另方面，電動「汽車」（正確說法是電動自動車，簡稱電動車）產業未來的發展核心是電池優化和全智能化，推動人機交互，自動駕駛和能源科技三方面加速發展。技術突破重點包括加快電動車換電體系建設，加速推動換電模式，產品組件標準化和法規條例通用化。另外還有甲醇和氫氣為自動車提供能源發電，中央有關部門正完善相關政策法規，納入新能源汽車發展體系和管理範疇。甲醇和氫氣作為低碳含氧／無碳零排燃料，具有燃燒高效、排放清潔等特點，常溫、常壓、常液態，便於儲存運用，安全快捷，是未來綠色能源體系的重要選擇。

內地產業轉型升級，高速發展如井噴。一方面市場帶動產品，另方面產品帶動市場，互為表裏，一切為了經濟發展和社會建設，讓人民有更美好的生活，並以此為大前提，大步走向未來。政治應為經濟民生服務全心全意為人民規劃。這道理既不抽象，亦不空洞。電動單車和電動汽車產業，從新型能源，環境保護，以至碳達峰，碳中和，最終做到零排放，不斷跨越自己，向前發展。期待到 2049 新中國成立 100 周年，將會出現一個在全球範圍絕對領先的和平友好的超級大國，協助維護全球人類命運共同的新秩序。

去年 9 月 18 日，有一首新歌《2035 去台灣》正式發行。歌曲

由孟煦東和龐惠晨演唱。部分歌詞是這樣的:「坐上那動車去台灣,就在那 2035 年。去看看那外婆澎湖灣,還有那腳印兩對半。去看看那情歌阿里山,還有那神奇的日月潭。坐上那動車去北京,日夜思念啊在心中,去看看那紅旗漫捲映山紅,還有那偉大復興的中國夢。去看看那天安門上太陽升,還有那雄偉的萬里長城。」

　　國家「十四五」規劃已經有從北京到台灣的動車建設構思,跨海大橋飛越台灣海峽,難度相當大。規劃在大陸和台灣之間要修建公路和鐵路兩用的三條京台高速動車線。三條線路分別直達台北,台中和台南,各有特點,綜合成為總體聯動大陸和台灣之間的交通樞紐。直達台北的高鐵線最省時最安全,從福清到新竹,全長 122 公里,一個小時之內就跨越台灣海峽。北部海域歷史上沒有發生過大型地震,運行環境相當安全。跨越台灣海峽的大橋將會十分壯觀。台中線和台南線各具特色,詳情不在這裏細說。

　　從現在到 2035 年,歷經 13 年,國內外形勢儘管風雲變幻,中國建設發展的動力和決心堅如磐石,不會被當前動盪的國際環境所阻撓。「台獨」集團這邊鼠目寸光,反對「核四」,單靠火力發電即將釀成全島缺電,但不知進取。北京領導這邊宏圖大略,國產電動車早晚將沿着跨台灣海峽大橋在兩岸穿梭往來。兩地比較,高下立見。大陸對台灣的影響越發巨大,台灣對大陸的依賴越發深遠。別的不說,台灣對大陸的年貿易順差高達 1000 億美元。如上

所述，台灣能源短缺將會是一個不可解的死結，今後勢將要依賴大陸供應電力。

葉落知秋，花開知春，兩岸必將完成統一，而且步伐只會加速，已是全世界有識之士的共識。以美國為首的反中抗中謀略，無所不用其極，好像來勢洶洶，其實只是世界大潮的浪花泡沫。美國挑動「台獨」分子鋌而走險，估計快要出到法理「台獨」這最後一招。若然，中國完成祖國統一大業的歷史一步，估計足聲已近，這日子快將到來。

2022-03-03

中國夢和美國夢的分別
民權和人權的分別

　　中國夢是什麼？是為了實現中華民族的偉大復興。這個定義十分好，和中國傳統的大同觀念完全一致。美國夢是什麼？美國夢是為了實現個人理想，發家致富。這個理想也不錯。兩者之間有什麼分別？一個是天下為公的理想，另一個是個人利益至上。前者着重集體，共同富裕，互相照顧，注重公德。後者個人至上，強調競爭，只要合法，「做乜都得」。一般可以理解為社會主義和資本主義之間的差異，但其實有更深的含義。因為牽涉到人類命運共同，協作共生，持續發展，中國夢追求更高遠的理想和人生意義。再進一步，要求人類和自然生物在地球上命運共同。地球是一個在太陽系內不斷自轉公轉的星球，地球上的生物無法離開地球他往。

　　在地球上，國際間要找出和平共存的良方。這就牽涉集體和個人之間的矛盾如何解決，富國和貧國之間的矛盾如何解決，社會主義和資本主義之間的矛盾如何解決。人權是個人的權利，民權是集體的權利。

　　人權怎樣定義？一般的理解：人權是人與生俱來的權利，不分種族、性別、性傾向、國籍、族裔、語言、宗教、身份或地位。人權包括生命和自由的權利，不受奴役和酷刑的權利，意見和言論自由的權利，獲得工作和受到教育的權利，以及其他可共同分享的權利，包括不受歧視的權利。上述有關個人的人權定義和理念，國際間正逐步統一。《世界人權宣言》（最新一次修正是在 2018 年）離不開以個人為出發點來定義人權。

　　民權作為集體的權利，應該怎樣理解？集體的民權和個人的人權有極大分別。民權是指人民集體的政治參政權利，是參與政治活動一切權利和自由的總稱。在個別國家，要根據各國自身的憲法和法律，規定怎樣讓人民參與國家政治生活，是人民的經濟要求在政治上的集中反映，是人民一切其他權利的集體基礎。國際間的民權，各國通過以聯合國為核心的各種多邊組織的共同參與來體現。因此不論是在一國之內還是國際之間，集體的民權既在個人的人權之上，同時亦包括個人的人權本身。以民主的方法行使集體民權，才能夠有效地保障個人人權。

　　怎樣理解民權民主？民權民主的意思，就是民權的行使通過國家制度確保人民的個人權利，以人民共和的方式，照顧集體的權益，在法律界定上，包括人身生存權，集體安全權和財產擁有權。民權不是君權，不是神權，不是資本權，不是軍隊權，也不

是個人的權利，而是集體的權利，公字當頭，大公小私，先公後私，國家行使公權力，保障人民集體的共同長遠綜合利益，亦即國家主權、安全和發展利益。

以上的說法好像比較抽象，需要有具體例子說明，留待政治倫理學教授達人詮釋。聚焦國際政治，比較容易明白。

哥倫比亞大學教授和可持續發展中心主任（聯合國秘書長特別顧問）傑弗里薩克斯最近多次提到希望 G20 增加非洲聯盟成為 G21，以真正實現多邊主義。聯合國是捍衛國際間多邊主義的核心，其基軸就是體現國際間的民權民主。

孫中山的遺囑提到，為「求中國之自由平等，必須喚起民眾，與及聯合世界上以平等待我之民族，共同奮鬥」。1924 年，孫中山對民權主義有明確詮釋。他認為民權主義是建立人民共有，並非少數人所得而私。這個民權民主的定義，引用到國際政治領域，到今天仍具現實意義。戰後 76 年來，多邊主義主要通過聯合國系統發揮作用。聯合國擁有 193 個會員國，是制定和實施國際法獨一無二、不可或缺的場所。此外有 G7，成立於 1975 年，將世界上收入最高的經濟體聚集在一起。2008 年金融危機以來，G7 變得越來越不具代表性。最近幾年已淪為富國的外交寒暄場合，一年一度俱樂部式互相應酬，毫無實質，因為缺少其他實力國家的參與。G20 最初於 1999 年以財政部長會議的形式出現，後來逐步成熟，由 19

個國家聯同歐盟組成（法國、德國和意大利是歐盟的成員國，他們實際上代表了兩次）。歐盟加入 G20 有其理據，因為歐盟協調 27 個成員國的經濟政策，可以在 G20 的平台上代表其成員國說話。因此，G20 實際上代表了 43 個國家，亦即 27 個歐盟成員國加上 16 個非歐盟國。但是，這 43 個國家僅佔聯合國會員國的 22%，世界人口的 63%，全球總產值的 87%，代表性仍未具足。因為目前 G20 除了南非之外，將所有其他非洲國家排除在外。非洲國家聯盟由 55 個國家組成，人口 14 億，年產值只有 2.6 萬億美元（僅佔全球 GDP 的 3%）。

　　薩克斯認為，G20 應該邀請非盟參加。G20 是一個重要的國際平台，非盟加入成為 G21 之後，其他類似的地區國家代表組織，例如東盟代表 10 個東南亞國家（共 6.6 億人口），或者拉丁美洲的類似國家代表組織，亦應該考慮加入。今後的趨勢，除了歐盟，東盟，非盟和拉盟之外，似乎還應該組建一個亞洲聯盟（亞盟）。在經濟領域，現在已有東盟加中國的「10+1」，在文化領域，剛剛成立的亞洲文化遺產保護聯盟，也是東盟加中國的「10+1」。

　　估計中國的長遠戰略，是以東盟為基礎，構建亞洲聯盟，一步一腳印，在聯合國的基本框架下，加強亞洲地域內國與國的互相溝通和協作，確保多邊主義能夠有效抗衡單邊主義。這是國際間民權民主的體現。這個趨勢，美國怎樣看？肯定抗拒。G7 怎樣看？無

可奈何。台灣如何自處？有識者都心裏有數，答案寫在牆上。香港特區的出路在哪裏？當然是堅持「一國」主導和「兩制」互動。港人認為，捨此別無他路途，關鍵是凝聚共識開步走。

2021-11-21

江山只為人民在
風物宜從放眼量

回歸以來，部分港人甚少了解到內地的建設已高歌猛進、巨龍騰飛。其實在這期間，中國已逐步變身為工程建造大國。簡單舉幾個例子，如機場、高鐵站、橋樑、隧道、體育場館和文化場館，就有不少典型。北京大興國際機場，建築規模 1400 萬平方英尺，工期 4 年，總投資高達 4500 億元人民幣。高鐵南京南站歷時 3 年半，建築規模 730 萬平方英尺，總投資 300 億元。橫跨長江、連接鎮江和揚州的潤揚大橋長達 36 公里，歷時 3 年半，總投資 53 億元。第一個提出建造這條橋的是孫中山，在他 1919 年「實業計劃」一書中，當年只是一個天馬行空的想法。直到 1998 年，國家計委批准這條大橋項目的建造，2002 年開工，2005 年 4 月正式完成通車。86 年後，孫中山的夢想，也是中國人的夢想，成為現實。

此外有港珠澳大橋，長達 55 公里，歷時 7 年半，總投資 1200 億元。北京鳥巢國家體育館，建築規模 250 萬平方英尺，工程歷時 4 年半，總投資 23 億元。上海迪士尼樂園，3900 萬平方英尺，工

程歷時5年，總投資55億元。凡此種種，中國工程建造的偉大成就，或許一些港人很少機會知道。

其實，中國現正快馬加鞭，不停頓地朝綠色化、智能化、精益化和國際化邁進，繼續推動中國建造走在這四條康莊大道上。綠色化建造，強調以人為本和可持續發展，着眼於工程的全生命期，最大限度地節約資源和保護環境。智能化建設就是要建立工程項目全生命期，包括立項、設計和施工的管控平台，形成數字化專業協同運作，機械人自動化施工。系統工程必須從基礎研究開發入手。精益化建造就是結合生產管理理論、建築管理理論和建築材料生產的特殊性，從建築產品的全生命期着手，消除建造過程的浪費，最大限度滿足用者要求，實現建築企業利潤最大化。最後還有國際化，就是要按照國際通行慣例，在全球範圍內運用和配置各種資源，全面參與國際合作與競爭。

以上四個方面怎樣理解？就本人作為跨國企業管理顧問所知，例如中交建（內地在港上市公司），多年前承接的國際工程項目銷售額早已超過國內工程項目，可以從零開始將整個貨櫃碼頭全部承包下來，以 BOT 方式在中東、非洲及拉丁美洲各地投標競價，無遠弗屆。自從「一帶一路」的概念於 2013 年提出以來，現正一步一腳印，中國工程各類基礎建設在各地穩步落實。

又例如，2019 年底新冠疫情爆發，在特殊醫院病床緊缺的情

況下，火神山和雷神山醫院分別僅用了 10 天就建成，成為中國奇蹟。以上這些偉大成績，並不是突如其來，而是人民有充分的底氣，有豪強的心志，厚積薄發、群策群力完成。再例如雄安新區市民服務中心項目，只用了 112 天，高質量履約完成，建築面積 100 萬平方英尺，工期比同體量工程快了 3 倍。

中國的大國建造有四方面的特色：一是融會中西文明，二是創造世界奇跡，三是引領未來發展，四是發明嶄新技術。香港的房地產建築工程水平不低，但缺乏多樣化，同時過度商業化，應該多留意內地自從鄧小平南巡之後過去 29 年來的飛躍發展，要冷靜客觀地想清楚，為什麼內地會出現這種翻天覆地、看似不可思議的變化？因為人民就是江山，江山就是人民。人民全心全意的支持是中國共產黨執政的底氣。那麼，為何如此？因為中國共產黨的使命是實現中華民族的偉大復興，恢復古來唐疆漢土的榮光，煥發人民追求美好的精神。

反觀香港特區，最近仍在反覆討論怎樣消除通關碼的疑慮，如何早日實現復常通關，怎樣加快疫苗接種速度，對於野豬走入市區應該如何人道處理。磨磨蹭蹭，踟躕不前。為什麼香港不具備與國際復常通關的條件？為什麼沒有吸取外國不設防的教訓？類似這些問題如不及時解決，嚴重影響香港恢復經濟從速反彈的勢頭。抗疫防疫兩年，香港的疫苗接種覆蓋率為何至今仍然偏低？完成接種兩

劑疫苗，何時才可達到疫苗接種率 85% 的最低要求？

治港團隊最重要的心態，就是要以港人之心為心，要考慮到港人所思所想，怎樣做才可提升治港團隊在港人心中的威信，怎樣做才可達到長治久安，讓民主回歸民生，而不是雜亂無章，議論紛紛，茫無頭緒，議而不決，決而不行。治港團隊要真正做到港人當家作主，為民作主，以結果和績效為本，解決港人需要解決的具體問題。

如果過去 3 年是一個覺醒的過渡期，港人希望從明年開始，於大徹大悟之後，特區面貌做到煥然一新。關鍵就在能否選出真正有能力的愛國治港團隊。現階段需要關注的就是，完善選舉制度後新一屆立法會選出的 90 人將會是一批什麼人。港人對此充滿期待。

回頭再說中國的工程建設。江山只為人民在，民無底氣不足論。撫今追昔，港人怎不心生感慨，怎不浮想聯翩？魯迅有詩：「牢騷太盛防腸斷，風物宜從放眼量。」港人一旦抬頭看路，和祖國同向而行，自然豁然開朗，耳聰目明，信心十足，就這麼簡單。

2021-11-24

既須緬懷孫帝象
還應肯定蔣瑞元

近日中印邊境又起紛爭。事情可以追溯到 59 年前的中印邊境自衛反擊戰。中印邊界全長約 1710 公里，整條邊界從未正式劃定過，只是根據雙方歷史行政管轄所及，形成一條傳統習慣邊界線。當年英國殖民統治印度之後，繼續打侵略擴張的主意，矛頭指向中國西南和西北邊疆地區，利用中印邊界從未正式劃定的歷史漏洞，私自界定所謂麥克馬洪線，對中國西藏（和新疆）進行侵略擴張活動，從而埋下中印邊界爭執的禍根。

新中國成立以來，從未承認麥克馬洪線為正式邊界。中印邊境目前有爭議地區總面積高達 12.5 萬平方公里。1962 年，中國剛從「三面紅旗」運動和自然災害的困境初步恢復過來，因中蘇交惡被蘇聯逼債，國際上相當孤立，危機四伏。新中國成立頭 13 年，印度趁中國忙於內政建設和抗美援朝等多項重大舉措而無暇南顧，因而不斷派出軍隊在西藏地區進行騷擾，蠶食中國邊境領土，意圖把麥克馬洪線單方面確定為中印邊界。

　　1962 年，印度變本加厲，侵佔中國領土多達 4000 平方公里，修建 40 多個入侵據點。中國忍無可忍，為了打擊印度主戰派的囂張氣焰，決定正式發起反擊，下達作戰命令。

　　中國人民解放軍明確指出，此次與印度主戰派作戰，關乎國威和尊嚴，要求首戰必勝，同時動員全國，號召所有部隊做一級戰鬥準備。10 月 20 日戰爭開始，一聲令下，解放軍沿國境線轉戰千里，徹底摧毀印度 37 個軍事據點，收復被印度侵佔的領土，俘虜大批印度士兵，摧枯拉朽。3 個月之內結束這場本不該發生但不得不反擊的戰爭。同年 11 月，印度認輸，中國宣布停火，釋放印度俘虜。人民解放軍士氣昂揚，當時有說法：在我高山之上，望我故鄉。

　　解放軍大勝之餘，全殲印軍 3 個旅的兵力（大約 2 萬人），俘虜 9000 人和繳獲大批物資，掃除了印度在中國土地上的侵佔據點。當時的形勢，解放軍可以一馬平川，直指新德里。尼赫魯慌忙部署守土戰爭，甚至開始在新德里修建防禦工事，並緊急向美國求援。

　　在這期間，正值美蘇交惡，出現古巴導彈危機，美蘇大戰一觸即發。美國出於政治利益和地緣考慮，派出太平洋海軍總司令費爾特前往台灣，會見蔣介石，慫恿蔣介石反攻大陸。美國認為挑動中國重新爆發內戰讓中國人打中國人的時機已到，務必在中印戰爭進

行如火如荼的時候，蔣介石反攻大陸，讓解放軍兩面作戰，撬動亞洲的戰火蔓延。美國向蔣介石提出，屆時將會傾全力援助台灣。但蔣介石表示，中印戰爭是共產黨為了中國的領土和主權而戰。為求中國領土主權完整，既是共產黨的願望，也是國民黨所求，是中國主權統一的共同心願。儘管現時出兵可能佔有天時地利人和，但同時會讓中國陷入危險境地，國民黨將對不起華夏列祖列宗，難向歷史交代，因而一口拒絕。

毛澤東和中共中央通過各種途徑得悉蔣介石的立場之後，放下心頭一塊大石。「行於所當行，止於不可不止，不跟隨對手的節奏。」這是毛澤東和周恩來當年對板門店和談的指示，同時適用於中印之戰，遂於 11 月 21 日宣布停火，主動後撤，不再繼續進攻，客觀上避開嚴寒冬季。何必跋山涉水，陷我軍於高原雪山，深谷激流的險惡環境？

戰爭是為了顧全大局，目光長遠，未雨綢繆。當年一戰一和，一動一靜，既維護中印戰爭取得的成果，同時亦維護領土完整，是和是戰，主動權操在國人之手。

孫子有云：善守者藏於九地之下，善攻者動於九天之上。從這個角度回過頭來看 59 年前的歷史，國共雙方於國家統一和主權完整有高度默契，於守衛中華國土的最高原則不可或忘，永遠堅持。

中國 960 萬平方公里的土地，一寸也不能少。一寸山河一寸血，

十萬青年十萬軍。任何企圖破壞中國領土完整和主權統一的叛徒漢奸，任何敵對勢力膽敢動手，一定不會得逞。犯我中華者，雖遠必誅。從這個角度看，當年國民黨和共產黨的立場完全一致。

「三民主義」之一的民權主義應怎樣理解？權利和責任是一個銅板的兩面。人民賦權於政黨，政黨應藉此為人民謀利。權利的辯證關係在此。政黨職責是為人民服務，才不致辜負人民的託付和信任。責任的辯證關係在此。民權民主，本意是政黨受權於民，為民作主。

台灣民進黨「台獨」勢力取得公權力而無施利於人民之心，以「顏色革命」的方式內鬥，屈從於美國，出賣國家民族的利益。最明顯的做法就是藉詞軍購，不斷以巨額外匯奉送美國，等同交保護費，民進黨從而上下其手，中飽私囊。這個親西方政黨藉選票選舉謀私利的奧秘，孫中山於百多年前早已搞得一清二楚，因此「三民主義」之內沒有西方定義的民主主義。國家主席習近平在日前的講話中已明確指出，共產黨出色地繼承孫中山的遺願，於完成從君權到民權的轉變後，已進一步實現孫中山的民權主義，精彩地將人民權力化為人民利益，成績斐然，明擺在那裏。毛澤東的「槍桿子裏面出政權」和孫中山的黃埔軍校建設，概念上高度一致，都是為了實現及鞏固人民的權力。人民掌握權力之後，還要懂得如何藉此化為人民的利益。

改革開放以來，43 年辛苦經營，從民族到民權到民生，無為（市場開放）而無不為（體制改革），走在國共兩黨致力於民族復興共同目標的康莊大道上。從這個角度看，前有孫中山，後有共產黨。一脈相承，國共兩黨求同存異，建立抗「台獨」的民族統一戰線，有其現實意義。行文至此，不可無詩：

民族秤錘衡重量，

民權基石度棟樑。

金甌無缺成一統，

借得天兵定海棠。

2021-10-12

什麼是三觀？
怎樣建立正確的世界觀？

　　年輕一代應建立正確的世界觀，這說法好像是老生常談、陳腔濫調，其實最關鍵不過。如果對這個世界沒有正確的認識，沒有一個正確的角度去觀察世界，從而對時局有正確清楚的認識，那怎能理順紛亂的千頭萬緒，避免受到網上真假不辨的、不停轟炸的、帶着風向的信息影響？從戰爭到和平、從學習到工作，如無正確的世界觀點，怎樣立身處事？應該怎樣思考？如果沒有和正確的世界觀點相適應的視角立場和思考方法，那就思想偏差、行動變形、言語怪異，一切都無從說起。

　　本人在 2015 年夏天，因工作關係到美國華府，周末參觀「國家記憶」大型展覽，主題是二次大戰期間在緬甸北部戰場，中美之間合作打通滇緬公路，美國支援中國軍民抗日一段可歌可泣的歷史。通過珍貴的大量圖片和少數展品，重現當年中美兩國軍隊在敵前敵後戰場上以鮮血凝成的國際友誼。本人當天在會場偶遇中國駐美大使崔天凱，他平易近人，知道本人來自香港特區，表現親切，

諄諄垂詢，着實聊了一會。

崔大使在美國 8 年（2013-2021），予人比較溫和的印象。他去年離任回國前，在「2021 年國際形勢與中國外交研討會」上對中美關係的強勢表態，值得高度關注。在他一貫的溫厚謙和有保留的外交辭令之下，他的世界觀闡述得十分清楚明白，值得港人吟味再三，從而調整我們的人生觀，校正我們的價值觀。

崔大使累積多年在美國貼地接觸的經驗，對中美關係比一般人更有深刻的切膚感受。他在當天的發言，把中美關係的本質說透，參考近日俄烏衝突美國拱火遞刀的表現，本人認為那是對現今世界局勢最正確的觀點。

歸納他的講話，有四個核心觀點：第一，美國絕不允許中國和平崛起。美國不會接受一個社會制度、意識形態、文化傳統，以至種族根源四大方面都不同的大國崛起，挑戰美國作為唯一超級大國的地位。

第二，美國對中國有種族主義意識。美國的對華政策裏面，有強烈的種族主義因素，有非我族類的排他性。

第三，美國對中國的打壓、阻止和抑制沒有底線。美國會千方百計、不遺餘力地，完全沒有底線地對華打壓、阻止、抑制、分化和圍剿。

第四，中國要徹底拋棄幻想，不論是冷戰還是熱戰，總之要準

備一戰，才有可能止戰。中國要保持清醒頭腦，做好充分準備，應
對曲折動盪類似坐過山車似的極限場景，維護中華民族艱苦奮鬥得
來的成果和權益。

　　崔大使的觀點發人深省。他告訴我們，只要中國崛起，就是
對美國犯下原罪，美國絕不允許。中國人在美國白人的眼中依然
是次級種族，並沒有得到必要的尊重。美國對中國的打壓、阻止
和抑制，無論手段或形式，發展到今天這個歷史階段，已經不講
原則，不講規矩，不講法律。只要能阻止和遏制中國的強勢崛起，
需怎麼幹就怎麼幹、想怎麼幹就怎麼幹，沒有底線。因此，中國
必須做好與美國全方位戰鬥的準備。要樹立底線思維，不惜你死
我活，要徹底打服它，要放棄任何綏靖妥協的幻想。既競爭又合
作，要溝通求理解，只能是外交層面上的延緩語境，外交戰的口
水式亮劍。中國不想被美國霸權征服，就必須以王道征服之。這
是中國對美國唯一正確的選擇。

　　崔大使認為中國這樣的選擇，是被動選擇，換言之，沒有選擇。
從 2008 年奧巴馬提出「重返亞太」到 2017 年特朗普發動貿易戰
科技戰，到 2021 年拜登打台灣牌不收斂，已了解清楚。

　　本人認為，既要深刻理解美國聯邦政府作為超級大國霸權主義
的本質，同時又要和美國人民區別開來。對美國聯邦政府當局的本
質有這個深刻的客觀認識，並不表示狹隘的民族主義，反而是站在

人類命運共同的道德高地堅持全世界各民族平等團結、和諧共融，要和平不要戰爭。應該在這樣一個對現今世界唯一正確觀點的基礎上，了解到中國人民應如何自處，包括我們在香港特區應該怎樣配合國家的整體發展大策，才會有一個明確而清晰的人生方向和價值取向。

過去三年來，港人經受到不少挑戰，回歸以來從未有過。低下階層和年輕一代受盡折磨，如今不少市民生活難以為繼，社會瀰漫着不滿和悲觀情緒，怨氣積聚、民意浮動、潛存洶湧，好像是坐在活火山口之上，或會隨時爆炸噴發。這不是危言聳聽，是貼近地氣人們的真實焦慮。如今香港市民情緒複雜糾結，因為沒有正確的世界觀點。而這正是香港社會前進的絆腳石，正是不知何時會引爆的不定時的計時炸彈。

今日香港，治安開始又有惡化的苗頭，出現零星的破壞王。據說由內地火速援建的 6 間方艙醫院，到如今使用僅約一個月，已經接到約 2000 宗不正當使用的報告，包括惡意破壞傢具和設施，烏煙瘴氣、不忍卒睹。這種幾近刑事毀壞的行為，原因複雜，表象是發洩心中怨憤，箇中深層原因，蘊含對特區政府（和內地）某種莫名其妙的不滿和怒氣，甚至仇恨。

歸根結底，還是因為在思維方面茫然無頭緒，沒有正確的世界觀，不懂得抬頭望遠，因為覺得沒有出路，因而感到絕望。香港

市民不知自己從何而來，亦不知將往何處，臨歧躑躅悲失路。當前情況是香港今後朝正確方向發展的最大隱憂。因為回歸25年了，還缺乏文化回歸，還沒做到人心回歸。

這雖是一個甦醒和覺悟的過程，但若拖延太久，弄至病入膏肓，那就噬臍莫及。港人不可以長期騎在危牆上，指點笑罵不作為，不可以踩着瓜皮隨意溜，慎防滑倒害自己。從來忠言總逆耳，言盡於此且擱筆。

2022-04-03

建議深入研究橫琴
在大灣區發展的策略地位

去年 9 月 5 日，《橫琴粵澳深度合作區建設總體方案》正式發布，勾劃出一個宏偉的建設藍圖。澳門特區面積只有 33 平方公里。106 平方公里的橫琴島被融合到澳門，是直接為澳門的長遠發展度身訂做。橫琴由粵澳雙方政府共商共建，共管共享，將橫琴打造成為澳門經濟多元發展的新平台。這對於珠海和整個粵港澳大灣區都是重大的決策。可惜過去一年來，香港特區政府和市民好像沒有足夠留意到，不一定清楚知道它的重要意義。

去年 9 月 17 日，橫琴粵澳深度合作區掛牌成立，一系列優惠政策落地實施。過去 11 個月，儘管新冠疫情肆虐，拖慢了橫琴合作區的發展，現在橫琴已經逐漸成為珠海澳門兩地青年創業的首選之地。今年上半年，合作區已經有 5.4 萬企業落戶，其中澳資企業接近五千家，為促進澳門實現產業多元化發展注入了強大動力。澳門一定要擺脫過於偏重博彩業和旅遊業的發展模式，人所共知，如今坐言起行。就在上個月，已經有好幾件重大突破性消息先後發

生，值得港人留意。

第一，橫琴長隆國際海洋度假區宣布如期完成第二期工程的核心項目。這個度假區全部完成後，將成為全球最大的室內主題樂園。第二，「澳琴一號」盾構機已成功起動，澳門橫琴的跨界交通連接，將會有一個大直徑的海底隧道讓澳門輕軌延伸到橫琴。第三，合作區最大的產業園項目「橫琴科學城」完成第二期的首棟封頂。科學城建設全部完成後，將會成為科研產業人流、物流及信息流高速運轉的賽場。第四，合作區五千萬元消費券派發計劃正式啟動，幫助振興暑期的旅遊市場。第五，合作區市民文化藝術中心項目的主體結構已順利封頂，建成後將會是澳門居民新家園的文化地標，提供圖書閱覽、文藝演出、展覽展示和文化交流的公共服務空間。最後，從前天起，全面開放澳門非營運小客車出入合作區的配額，取消所有限制；對年滿 18 歲的澳門居民申請機動車出入橫琴，每月發放 500 個配額，先到先得，方便澳門居民出入；對符合申請條件的澳門居民來橫琴工作，購房及投資，採取即來即辦的方式，提供一條龍服務。

一句話，澳門融合到大灣區不是口頭上說說，而是實際上做到。橫琴作為粵澳兩地攜手打造的深度合作區正在提速。目前已有多家世界 500 強以及多家中國 500 強企業選擇落戶橫琴。阿里巴巴之外，還有全球最大的搜索引擎跨國科技企業谷歌，也宣布在橫

琴建設一個體驗中心項目。此外,格力集團亦將會在橫琴建總部大廈。中國人工智能的百強企業之一「普強時代」,亦會來到橫琴,在人工智能、大數據和無人駕駛等領域進行研發。

合作區將仿效深圳和珠海兩個經濟特區的早期措施,設立一線和二線的模式,已確定為一線放開,二線管住。一線等同在澳門,二線等同在內地。按照制度設計,橫琴實行分兩線通關的政策。一線關(在橫琴與澳門之間)的管理將放開,二線關(在橫琴與珠海之間)的管理將管控,整個橫琴島成為一個海關的特殊監管區,在這個區域內實行各種特殊政策,尤其是稅收優惠政策。在橫琴發展和工作,既是澳門,亦是內地,兩重身份,兩種地位,魚與熊掌,兼而得之。未來在橫琴生活的市民將會輕鬆享受到與澳門幾乎完全相似的社會環境,企業可以擁有全新的經濟機遇。

此外還有極重要的一個方面:橫琴將會是一個全新的免稅島,實現全島免稅。一旦落實,合作區將基本上融入到和澳門等同的關稅區內。當貨物從內地進入到橫琴時,等同於已經出口到澳門,可以享受出口退稅。所有貨物基本上都可以在澳門與橫琴之間自由來往,就如同海南島自由貿易區一樣。待橫琴建成一線二線的口岸隨即宣布封關之後,全世界的貨物到橫琴都免稅。半製成品貨物,只要在橫琴通過組裝和加工,增值 30% 之後,到中國內地可以全部免稅。來自中國內地各處的所有貨物到橫琴,既享受豁免課稅,又

可以享受到消費稅和增值稅的減免。封關之後，內地居民仍然可以自由進出橫琴購物，以後不用出境就能夠在橫琴買到以前只能夠在澳門才買得到的商品。這意味着橫琴將會成為一個與澳門高度同頻共振的免稅島。

免稅帶來的經濟紅利十分厲害。香港憑藉免稅購物的光環，一直有「購物天堂」的美稱。21 世紀頭 18 年（2000–2018），內地每年的赴港旅客人數從 379 萬攀升到 5140 萬，累計增長超過 12 倍。其中僅 2018 年（黑暴動亂之前）就給香港零售業帶來大約 4800 億港元的銷售額，創歷史新高。免稅購物政策為一座城市帶來的經濟活力和其他附加價值其實十分巨大。橫琴一旦開啟封關運作之後，就會像長期以來的香港和如今快要建成的海南省免稅島一樣，躍升為購物者的天堂。

在免稅安排導致物暢其流的同時，大量資金也都會流向橫琴，將會促使合作區成為跨境人民幣結算最活躍的地區之一，從而建立得天獨厚的在大灣區內獨特的地位優勢。因着澳門的歷史背景，合作區背後連接號稱世界第十大經濟體的葡語國家群，共有 2.3 億人口，總值高達 1.8 萬億美元。由於人民幣國際化現正邁上一個新台階，作為促進澳門經濟適度多元發展的重要平台，合作區勢將成為國際金融市場的熱點之一，有望成為國內第一個離岸金融島，從零開始，從小做起，按部就班發展。根據今年 3 月中國人民銀行宏觀

市場管理局公布的數據，去年大灣區內跨境人民幣結算規模已達到 3.8 萬億元，橫琴合作區佔約 2320 億元（6%），是跨境結算增速最快，最活躍的片區之一。數據最能夠說明問題，跨境電商在合作區的發展將會令人「矚目癢心」。

此外還有，在合作區內工作的境外人才，個人所得稅負超過 15% 的部分可以免徵免收，為澳門金融業務提供一種服務商的角色。澳門特區政府通過設立產業基金，幫助澳人融入到橫琴合作區從事金融發展，從定位到制度，再到產業發展，橫琴金融島將會成為為澳門度身訂製的金融基地。合作區將會有澳門證券交易所作為澳門金融服務業的承載體，區域價值將會大幅提升，物業價值亦將會水漲船高。政府有橫琴新區金融服務局和金融服務中心，業界有琴澳金融服務公司，學研界有橫琴創新金融研修院和橫琴新區管委會與吉林大學合作成立的橫琴智慧金融研究院。若干年後的將來，通過粵澳在橫琴的深化合作，澳門特區極有可能和香港特區分庭抗禮，規模相若，在珠江東西口岸互相輝映。

筆者自從 2006 年到大灣區（當年還只有「珠江三角洲」的概念）從事高等教育工作以來，一直有若干業務參與，16 年來見證着珠海澳門兩地通過協同效應取得的快速發展。到如今，新的突破性發展接二連三如上述，再沒有什麼新消息會令人感到詫異。只有想不到的，沒有做不到的。新一屆香港特區政府班子就任已 50 多

天，初步交出相當滿意的成績表。但形勢逼人，現在是時候部署新冠疫情結束後的發展大策。港澳之間現正形成你追我趕之勢。儘管澳門在總體上仍然相對落後，20 至 30 年內香港極有可能被澳門追上來，並駕齊驅，各領風騷。別的不說，過去 18 個月新加坡不斷接收從香港向外流溢的肥水，忙得不亦樂乎，單是物業租值就已大幅飆升。港人現在是時候徹底調整心態，從俯視澳門的角度轉變為平視的角度，向澳門特區虛心參考，努力學習，明白到仿效橫琴發展策略的好處，特區政府在發展「北部都會區」和河套區的時候，應考慮和深圳特區在行動上真正做到全面互動，深度合作。

2022-08-24

以原始自主創新
推動科學技術應用和國家建設發展

新冠疫情看似突如其來，似屬偶然。從地球的生物發展史角度看，有其必然性。對人類社會而言，其實是一場全球範圍的大考，正是物競天擇、汰弱留強、優勝劣敗、生死存亡的大自然法則。國際投資環境在這個新時代有很大變化，新一屆特區政府上任以來，已揭開新頁 69 天，今後要深度參與到這個變動中的新時代，該怎樣應對？內地發展在那些方面應予以注意？

第一是創新科技推動經濟轉型升級。國際間在科學技術應用方面的競爭，在疫情之下，日益激烈。別的不說，單舉一例：在汽車行業方面，新能源車的競爭，如今關鍵在電池密度（體質輕量化和設計合理化），充電樁布局網格化，充電無線化，快速充電，5G應用，無人駕駛技術開發。各方面的競爭十分激烈，中美各領風騷，而日本和德國淪為代工的趨勢，漸見成形。「汽車」（這個詞語，就如同馬路或火車，並不精準，應叫做「自動車」）已經不只是交通工具，而是通過 5G 以至更高層級的信息及定位技術的應用，

成為移動生活空間。將來的競爭優勢，將會是一次充電可以行走2000公里。越野車和露營車（內地稱之為「房車」）融合到大自然的生活，將會是人類行動自由的最佳體現。全國各地到處遨遊，時而白山黑水，時而青藏高原，時而雲貴海南，時而舟山台灣，成為中國人生活的重要組成部分。擁有電房車帶同航拍無人機翻山越嶺到處翱翔，是科學技術應用發達之後，從可攜內燃機轉向內置發電機的突破，是人權表達和移動自由的最佳保證。

內地通信電訊的技術應用，改革開放以來迎頭趕超，從 BB 機到手提電話，從移動電信發展到移動互聯網，再加上萬物互聯和人工智能，如今已催生商業地產，物流地產，保稅地產和供應鏈（工業製造）地產。將來內地的居住問題解決後，傳統的居住小區，商場等生活地產，將不再有絕對優勢，房子不再用來炒，租購同權是趨勢。儲藏倉庫，大數據中心，物流分配，小型機場等商業地產發展，已經興起。自動化廠房建設，即標準化工業地產，將會是下一波地產發展的競爭重點。半導體（芯片）和應用程式的技術開發，結合裸眼 3D 視屏技術，中國現正迎頭趕上。假以時日，這些方面的瓶頸亦將突破，殆無疑義。另一方面，以區塊鏈技術為核心技術支撐的數字經濟和大數據產業，挾數字人民幣的廣泛流通，將勃然而興。人民幣國際化和數字化的趨勢，已不可逆轉，更會加速。

農業現代化，亦見可喜的趨勢。例如山東，是農業大省，科技

應用在農業，提供瑰麗的前景，正迅速地結合自動車、電訊通信、農業機械化和自動化、無人機播種和施肥等方面，科技應用軍轉民，在金融界以投資於農工商業創新科技為市場轉化應用的股權基金形式，投資者正積極尋找兩三年內有上市計劃的具前景的技術和產品都成熟的高增長企業，進行上市前參股投資。

第二是數字貨幣高收益的資金市場開發。世界已進入數字世紀，數字人民幣很快會廣泛進入市場，自由交易，自由兌換。由央行背書的數字人民幣出現在智能手機中，應用區塊鏈特有的數據安全保障技術，不會怕有假鈔或兌換不了。今後的國際趨勢，是外國機構及個人持有的人民幣，可以用人民幣到中國投資，賺取人民幣之後可兌換成港元、歐元、英鎊、日元或美元。香港成為國際的人民幣兌換中心。估計中國在 10 年內將成為世界第一大經濟體，在金融業方面將有新突破，資金市場將獲得新動力。國際貿易可以用人民幣報價，客戶買中國貨，一律用人民幣報價，不用承擔匯率風險。在手機上持有現金，體現流動性，爭取高收益，是新興的投資趨勢，離不開互聯網加金融平台經濟。例如網貸信息平台，就是俗稱 P2P（peer to peer）和 O2O（online to offline）的規範化運作模式。不同性質和類型的交易所將會成立更多。除了上海和深圳之外，澳門、海南、天津、杭州和廈門，估計都會成立不同資產質態的交易所，除了傳統的證券交易所，

還有金融資產、數字資產、積分資產、房貸資產、知識資產、特許資產、版權資產、肖像資產，以至典藏資產，碳中和及碳減排配額資產。例如天津金融資產交易所，通過摘牌和掛牌的方法，監管做得好，風控做得好，有多重的抵押和擔保，本質上和銀行發行的存款證類似，但因為通過網上平台直接對接資產端和理財端，節省不少傳統銀行的運營成本，費用，支出，撇賬和壞賬，投資者的回報更為可觀。類似的嶄新趨勢，不可不知。

人民幣國際化勢在必行，儘管美國一再阻撓，今天人民幣在國際結算中沒有獲得相應的地位，比重僅佔 2 至 3%，與排在首位的美元比重佔 40% 以上，仍有很大差距。為了彎道超車，唯靠數字貨幣。新冠疫情發生以來，中國有跨越式增長，在國際結算方面，伊朗、俄羅斯、沙特阿拉伯都願意用人民幣結算。有人民幣在手，不但可以購買中國貨品，還可引進中國的生產設備，與中國合作基建，改善國家發展條件，改善民生。一些國家已把人民幣作為主要儲備貨幣之一。長期而言，人民幣將會有可觀的升值空間。美國為了遏制中國和平崛起，長期阻撓人民幣在國際貨幣基金的一攬子貨幣之內增加比重，使中國在國際金融的發展權益受到很大限制。隨着各國對人民幣的信任度和依賴度越來越高，亞投行各成員國除了美元之外，已確立人民幣、歐元、英磅、盧布和日圓等主要貨幣亦成為儲備貨幣。亞投行發揮了推動

人民幣國際化的作用，加大了人民幣與各成員國之間的貨幣互換額度，建立了中國人民銀行與亞投行的貨幣互換機制，將增強亞投行人民幣債券發行的功能，並設立投資基金為成員國的經濟建設項目提供融資便利。構建亞投行成員國區域之內的長期債券市場，推動各成員國之間在債券投融資方面的合作，將會提升人民幣的國際影響力。

數字人民幣推出後，假以時日，將會是最好的儲備貨幣。全球匯兌市場追求成本低，運作快，安全可靠，數字人民幣將會是受到商業世界歡迎的優質的貨幣交換媒介之一。**總而言之，中國發展的勢頭銳不可擋，發展前景十分良好，估計在第三次世界大戰不爆發的前提下，只要再給中國 20 年和平環境，中國將會還給世界 100 年興盛輝煌。**香港的新一代年輕人應傲立潮頭，乘時而興，不要辜負新時代的大好形勢。如果可以從頭再來，和筆者同年齡層的朋友們，不少都期望能夠回到青春歲月的 25 歲。估計未來 25 年中國將更上新台階，成為名副其實全球經濟總量最大，質量較優的實體。現時的 2000 年後出生的香港年輕人，肯定將可親身參與和體驗到中國跨越式的進步。

發展科技是世界的主流，無論哪個國家，想要做大做強，必須依靠科技的發展。

筆者堅信，未來一定建基於科技應用之上，而市規模和剛性需

求將是最重要的成功因素。要做到這點，需要包含的科創版塊包括太空經濟產業、新能源（電池）、新材料（半導體）、生物醫藥科技（病原體快速測試，抗衰老，保健養生，基因治療，治未病）、環保綠色生態（新農業，合成水，優質空氣，碳中和）及交通運輸（電動車，無人駕駛，房車旅遊）。這些新產業的突破，都以5G+、物聯網、傳導感應器、高速定位、衛星空間站、大數據處理和高速運算法為基礎。

以上提到的幾個產業，中國都處在領頭和超前的地位，因為工業製造的增值鏈較為完備，有條件引導全球。個別需要加強和優化的，是軍用技術的商業化，例如半導體（泛稱芯片）。假以時日，這些卡脖子的瓶頸應該都會克服，美國各種壓制中國崛起的措施，只會略為拖慢中國的發展步伐，但不會阻擋中國的上升軌跡。

香港的三大優勢，眾所周知。一是高等院校資源豐富，二是政策支持力度強勁，三是金融體系優質健全。從金融產業的角度看，在資金市場和資本市場，以至外匯市場和數字人民幣市場等方面，從虛擬的一面，配合實體一面的發展，港幣既以聯繫匯率緊扣美元，亦同時和人民幣呼吸一致，因此本質上屬剛性需求，是中美之間的最佳橋樑。

目前發展科技的痛點，可以如何克服？關鍵是培養一大批接地氣的高等職業技術人才。中央最近正進行深度教育改革，力求在科

學技術上聚焦原始自主創新，重視商業化，市場化和產品化的應用研究及轉化研究，樹立認真的、一絲不苟的工匠精神。

香港有個別大學在科創發展研究項目的特點與貢獻，一貫側重理論研究和基礎研究，「產品」的重點是刊登論文。在學術自由和研究自主的傳統思維下，相當放任自為，缺乏方向感，和新時代的創科發展前景有所脫節，須要進行徹底的改革，否則將會落伍。總而言之，在科創領域，未來的新明星和新希望，值得關注的，現正領先的，就是上述的各個領域。建議特區政府應不厭其煩，反覆鼓勵年輕人在這個科創的大環境中按照各人自己的專長和興趣，跟着自己的感覺走，永不停步，拋開困擾港人多時的形而上的抽象的政治口號和概念，團結一致向前看，回歸到經濟建設和社會發展的現實，才能夠走出軍火商為了促銷抬價去庫存而故意鼓吹的戰爭危機和蓄意製造的對立和分裂。

2022-09-07

後記

培育家國情懷，
關係建國方略和民族復興

　　本書收錄了我過去三年在互聯網上公開發表的文章，深感培育家國情懷，關係到民族復興和國家存續的發展大局，遂選輯有關家國情懷的文章 30 篇成書，以誌香港特區經歷 3 年轉折的雪泥鴻爪，希望能引起讀者的共鳴。承蒙何志平前局長、劉耀南醫生、李焯芬教授、雷鼎鳴教授、陸人龍教授和劉智鵬議員為本書作序，感銘五內，又承蒙大公報出版有限公司精心策劃，謝錦鵬先生、鄭鎮炎先生和張崇霖先生的

鼎力支持，在此一併致謝。希望本書將來能對有意研究香港近代歷史的學者引用，能爲教授公民及教養學科的教師和學生提供參考。如果是這樣，筆者的努力不曾白費，也就心滿意足了。

　　概括言之，當前的國際大勢，中美分道揚鑣各自發展，已成定局。世界正急劇地一分爲二。這是由美國主動挑起，因爲美國堅持世界霸權，壓制中國和平崛起，不惜挑起戰爭。這已是明擺着的事實，全世界越來越多人看得一清二楚。

　　在美西方主流媒體的筆下和眼內，中國沒有一樣是合理的。它們閉上眼睛抹黑中國，無所不用其極，究其原因，是以取悅選民爭取選票爲動機的政治制度。一犬吠影，百犬吠聲。在美西方，這種近乎全面地盲目反對中國的趨勢已成，很難在短期內改變過來。

　　例如最近美西方批評中國疫情數據不透明，已近乎盲目的情緒化。美西方輿論界對中國官方發表的眞實數據置之不

理，因為立場先行，總而言之，想方設法，捏造理由，就是不相信。香港仍有不少人，由於歷史偏見和現實利益，對散播反中言論的媒體報道，儘管是憑空捏造的謊言也深信不疑。這種對美西方的雙重標準和盲目偏見全盤接受的人，就筆者所見所聞和細心觀察，將會長期存在。只有在中國真正和平崛起後，以無可辯駁的事實證明誰對誰錯，美西方輿論界的偏頗局面才能夠有所改變。

當前的國際形勢，掌握國際話語權的鬥爭可說是迫在眉睫。大致而言，從 2008 到 2020，美國「重返亞太」以來不斷挑起事端，中美之間的戰略形勢是美國主動出擊，中國忍讓防守，12 年來一直是美國戰略進攻，中國戰略防禦。從 2021 年中美高層戰略對話開始，楊潔篪的一番話震驚世界，從此開始中美雙方戰略相持的階段。這是一場持久戰。到什麼時候中美雙方的相持抗衡會轉變為中國戰略反攻，美國戰略退卻？現時還言之尚早。

中國堅持求同存異，互動共贏。從最初提出太平洋足夠

寬闊足以讓中美雙方共同合作，到最近提出全世界足夠寬闊足以讓中美雙方分別發展，顯然已有微妙而根本的變化。總而言之，中國站在時代的前端，高瞻遠矚，巍然不動，而且現在已經有充分準備。中國經反覆驗證後，確認這個現實就是：美國霸權主義不會自動退出歷史舞台，全世界一分為二，兩種制度，不同的意識形態和價值觀念長期抗衡的形勢已經形成，只能從容面對，充分準備最惡劣的場景隨時有可能發生。在策略上，相持的形勢既成，就一定要針鋒相對，寸步不讓，持之以恆地創造條件，準備日後的戰略反攻。因此，你打你的，我打我的，不打無把握之仗，忍耐等待，不為所動，靜候時機打殲滅戰，同時堅定不移地走中國的道路以壯大自己的實力，廣結同盟，遠交近攻。中國既有大國擔當，亦有大國沉穩。

過去兩年來，中國在外交戰線上的表現不慍不火，有理有節，化解了好幾次美西方的極限施壓和橫蠻挑釁，凡是客觀理性地看問題的人，都對中國在外交戰線上的成就充分肯定，甚至擊節讚賞。

　　中美分道揚鑣，各自發展的大勢已成。說到底，中美雙方此消彼長，離不開軍事、科技、經濟、文化和話語權五大方面的綜合實力。為什麼過去 183 年來儘管中國為求主權獨立、民族復興和自身發展盡了極大的努力，成績斐然，全世界有目共睹，是任何客觀公正的人都不否認的事實，但美西方就偏偏要否認這個事實，唱衰中國，醜化中國，而且狠命打壓中國的和平崛起？

　　今天的中國還在為明清兩朝長達 543 年老祖宗犯下的某些舊時代的歷史錯誤埋單。我們作為中華兒女，這個十分沉重的欠債必須還。在這個過程中我們不能再犯顛覆性的錯誤。中國人民必須堅持民族立場，必須充分理解和全力支持新時代新階段的國家大策。

　　中美雙方現階段的戰略相持是全方位的激烈競爭。軍事，科技和經濟只是其中三個方面。更重要的是在文化和話語權的競爭。這兩個方面，中國自從改革開放以來的進步十分顯著，方向正確。中國過去 720 多年出現過好幾次歷史關節點

的轉折，遠的不說，單是改革開放初期就曾經有一段時間思想混淆，五四運動以來全盤西化的想法揮之不去，柏楊《醜陋的中國人》曾經風靡一時，中華民族還在重建文化自信的過程中，自然在話語權方面弱於已築基了 500 多年的西方殖民帝國文化。但這個情況正在快速改善中。如今 14 億中國人要求民族復興的思想已逐漸統一，更進一步提出了人類追求和平發展的方向。人類命運共同體的概念也逐漸受到主要是亞非拉發展中國家的支持。

然而，在西方長期的洗腦下，文化和話語權之爭將是一個漫長的過程，也是包括香港特區市民在內全體中國人的共同責任和義務。這責任和義務，就是要改變美西方對中國的偏見，首先要從下一代做起。香港特區是東西方文化匯聚的國際大都會，有其獨特優勢和條件，在這方面責無旁貸，應該能夠生動地，正面地，積極地，以西方聽得懂和容易接受的方式，說好中國的故事和香港特區的故事。

總而言之，東西方意識形態和價值觀念的對抗是長期的，

更是艱難的，是這個新時代的一個重要組成部分。別的不說，將來實現祖國完全統一後，台灣民眾的完全回歸，離不開文化層面的終極回歸。其實在輿論界尤其是缺乏有效監管的互聯網社交平台，在不同程度上，長期存在不少文化虛無主義者，文化洋奴，文化漢奸，甚至是文化賣國賊。美西方不斷利用手中嚴格掌控的宣傳機器，針對中國造謠生事擴大其反對中國的影響力，是引致民眾思想混亂最大的禍源。我們必須從官方到民間都加倍小心，提高警惕，才能夠逐漸取得必要的話語權和敍事權，化被動為主動。因為殘酷的客觀形勢是無論中國怎樣做，做得怎樣對，美西方的聲音一定要反對。他們為反中而反，完全不會顧及自身的邏輯矛盾，雙重標準成為他們的普遍標準。美西方只是把幾近僵化的政治偏見以概念口號的方式不斷重複。長遠而言，筆者相信中國體制的綜合組織力，中國民眾的韌性和耐力以及中國經濟的復甦振興能力，將會以無可辯駁的事實，通過自身的成長、建設和發展，全方位凌駕而前，明擺着優於美西方，才能夠最終扭轉來自美西方輿論界的八級颱風。

中國爲世界的和平發展添磚加瓦，正爭取和更多有共同理念的國家團結起來。其中一個最重要的外交戰場就是反對那些唱衰中國的聲音。美西方搞分裂，破壞和戰爭。反之，中國呼籲團結，建設與和平，以自身的戰略定力和實踐努力，全方位反對美西方針對中國進行的毫無原則和底線的干擾。中國如果持之以恆努力不懈，唱衰中國的美西方勢力最終或可清醒過來，重上理性的軌道。但這個過程將十分艱巨，短期內能否有明顯成績？筆者毫不樂觀。事實上香港特區的輿論界，尤其是在無法有效管理的網上平台，每天都有或明目張膽或潛藏很深的仇恨國家的偏頗言論，時而冷嘲熱諷，時而惡意中傷，甚至捏造謊言，視頻造假，到處轉傳。他們的共同特點是缺乏民族立場，投降於美西方的思維，甘願做美西方國家殖民軍事帝國霸權意識的傳遞者。

冷酷的事實是：只要中國始終保持大國崛起不可抵擋的態勢，美西方就一定會不斷唱衰中國，就一定不會停止唱衰。

21 世紀的中國崛起，現正造成主導世界 400 多年之久

的西方中心主義逐步演變成今天東西方之間相持不下的大致均衡。對於中國的成就，美西方不可能給予中國肯定、鼓勵和掌聲。在資源有限、利益寡缺、高度競爭的國際環境下，美西方只會繼續給中國製造各種麻煩和非難，遏制中國、全面唱衰中國。近期唱衰中國的主題是中國戰略擴張，中國稱霸世界、中國經濟脅迫、中國經濟崩潰、中國無民主自由人權法治、中國種族滅絕，等等。筆者深以為憂，苦無簡單對策，最有效的方法就是傳播正能量，筆耕不輟，努力不懈。爭奪話語權和敘事權也是一場持久戰。於近代學者，本人獨推崇梁啓超和胡適之，以他們為楷模。他們著作等身，可謂汗牛充棟。筆者回頭細看自己，數十年的窗前伏案，也已完成三百萬字，今後如能夠整理並結集成書，此生不枉。讀者們的衷心支持，是對本人的深切鼓勵。謹以此後記自勉，並與讀者們互勉。他日後會有期。

2023 年 2 月杭州旅次

關品方

（全書完）

書　名：《方略品評・品評四方》

作　　者：關品方

責任編輯：嚴中則　　劉慧華

裝幀設計：馮自培

出　　版：大公報出版有限公司
　　　　　香港仔田灣海旁道七號興偉中心 29 樓
電　　話：2873 8288

發　　行：聯合新零售（香港）有限公司
　　　　　香港新界荃灣德士古道 220-248 號荃灣工業中心 16 樓
電　　話：2150 2100

印　　刷：美雅印刷制本有限公司
　　　　　香港九龍觀塘榮業街 6 號海濱工業大廈二期 4 字樓

版　　次：2023 年 4 月初版

國際書號：ISBN 978-962-582-095-8

定　　價：港幣 100 元